新編 千葉の歴史夜話

畑中雅子

国書刊行会

裸参りの神事　匝瑳市小高・八坂神社（「性のシンボルに祈る」の項）

奉納
前
天保

「大根打ち」絵馬　匝瑳市木積・白山神社（「大根で殴り合い！」の項）

打板の酒盛

匝瑳市木積・白山神社
（「大根で殴り合い！」の項）

「打板の酒盛」絵馬

「打板の酒盛」絵馬（部分）

「打板の酒盛」絵馬（部分）

初代・波の伊八の龍
長南町千田・称念寺
（「波と龍」の項）

「嫁ならび」絵馬　匝瑳市木積・白山神社
（「大根で殴り合い！」の項）

罰が当たり裸で踊り狂う女性

天神社の絵巻物（下巻）

南房総市平久里・天神社
（「平群天神と地獄絵」の項）

「間引き・子返し」の絵馬

柏市柳戸・弘誓院
（「慈母と夜叉」の項）

改訂版の序にかえて

本書の初版が出来上がったときは、感謝の気持ちでいっぱいでした。川名登先生始め、「千葉の歴史を知る会」の役員や会員の方々のたくさんの援助のお陰で、やっと出来上がった本でしたから。

本を手にしたときに、私は考えました。もう一冊自分の力で調査・研究して出版しよう！　それが、とりもなおさず、皆様に対する恩返しだと。

ところが、お尻に火がつかないと走り出さない生来の怠け者、さらには足早に追いかけてくる老化現象のため、筆は遅々として進まず、月日ばかりが過ぎてゆきます。このままでは、出版より先にあの世からのお迎えが来てしまいそうです。

そこで、今日までに書きあがった追加の原稿と、初版の中で気がついた訂正を加え、改訂版として新たに出版することにしました。

川名登先生、池田宏樹先生、中村勝先生、皆川儕先生、小宮一公先生、中村正憲さん、

木ノ内秀男さん、長瀬憲文さん、高橋知さん、高橋峯夫さん、渡辺和代さん、浮辺厚夫さん、小河原久子さん、伊関千恵子さん、鴇田清美さん、鴇田真由美さん、小野順子さん「千葉の歴史を知る会」の会員であった皆さん、大変中途半端なご恩返しになってしまいましたが、あいつらしいと笑って許して!! とお願いしておきましょう。

合　掌

平成二十二年十二月

畑中　雅子

初版への序

本書の著者・畑中雅子さんは、会社員であり主婦でもあるが、また古文書を読み、歴史の学会に出席し、禅寺に参禅するかと思うと、テニスをするスポーツマンでもあり、とても一言では表現できない人物である。しかし、庶民であることだけはまちがいない。

私が畑中さんとはじめて出逢ったのは、彼女が「千葉の歴史を知る会」に参加されてきた時であった。この「千葉の歴史を知る会」について、少しふれてみたい。それは、本書の持っている特色を知る上で、大きな手掛かりとなるからである。

この会は、昭和四十九年にはじまり、これまでの歴史学者や郷土史家と称する人々が、何でもわかったように得々と述べる歴史ではなく、我々の身近にありながら気付かぬことの多い史跡や歴史に目を向けて、それを調べ、解説を書き、自分の足で歩いて見てみようという、歩くことを中心とした庶民の自発的な会であった。

畑中さんが参加されてからはや二十年以上、七十回を越す巡見会を開いてきたが、その間に畑中さんはこの会の主要メンバーとなって、足で歩いて歴史を調べ、解説を書き、巡見の日には参加者を前にして史跡の横に立ってわかり易い説明をされてきた。このような体験と積み重ねられた調査の成果が、本書の基礎となっているのである。

それ故、本書にとりあげられた歴史事実は、何気なく我々の身近に転がっていた事柄が多い。それらは、ゆっくりと彼女の身体の中で醸成され、芳香を放つ三十三の歴史物語となって、本書の上に現われた。しかし、本書を読んで頂ければすぐに理解できることではあるが、単なる歴史のお話や解説ではない。どんな身近な事柄をとりあげても、厳密な歴史的実証に裏付けられた社会に対する冷徹な視線があり、また人間に対する暖かい眼差しに満ちあふれている。

本書の最大の魅力は、歴史家ではない庶民の目を通した、特に女性の目を通して見た歴史叙述に、何とも言えぬ新鮮さが感じられるところにあるのである。

本書の題名となった「夜話」には、夜にする訓話という意味があるという。しかし、本書の中には肩苦しい話は一つも書かれていない。読者の方はどうか夜寝る前に、毎日一つずつ読んでいただきたい。きっと、良い夢を見ることができるであろう。

平成九年六月

千葉経済大学教授　川名　登

目次

徳川家康とミカン

私は高校生時代を東金《とうがね》の八鶴湖《はっかくこ》畔にある学校で送りました。あちこち出かけるのが好きな私は、「〝まぐそきのこ〟と同じで何処へでも出る」と言われながら近隣を遊び廻っていました。その時、学校に隣接するお寺の境内で、「徳川家康公お手植の蜜柑《みかん》の木」と書いた立札を見つけました。

しかし、とても貧弱なミカンの木のありさまから、この立札の内容を全国各地によくある「弘法大師が杖を突き刺したら、その木が大木に育った」という言い伝えと同様ないいかげんなものだと勝手に思い込んで、気にも止めませんでした。それから二〇年近い年月を経て、家康とミカンの関係を示す古文書の存在を知り、「目からウロコが……」となりました。

元禄一三年（一七〇〇）に書かれた古文書《こもんじょ》が、利根川べりの香取市岡飯田《おかいだ》の谷本さんの家に伝えられています。これによると、天正時代（一五七三〜九二）に権現様《ごんげんさま》（徳川家康のこと）が鷹狩においでになり、六月（現在の七月）の土用《どよう》の暑い盛りでしたが、柑子《こうじ》（みかんのことをこうじと呼びました）を三個差し上げたところ、大変にお喜びになり、

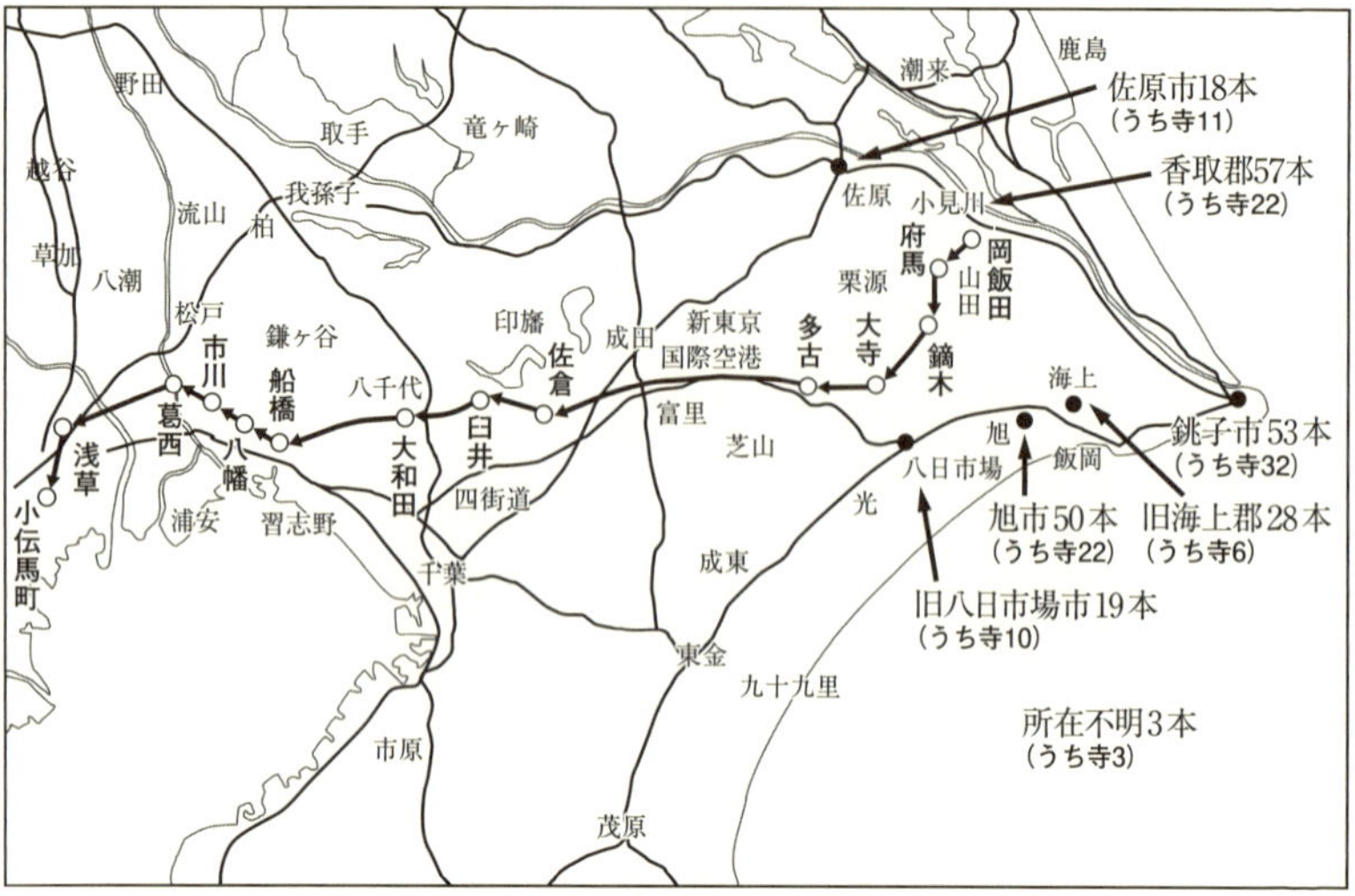

柑子ミカンの分植状況と輸送経路

それからは、毎年正月の一五日と三月三日に献上するようになったというのです。

この最初に差し上げたミカンの木は、誰がどうして植えたのでしょう。また、その後献上したミカンの木も誰がどのようにして植えたのでしょう？　記録はありません。

しかし、最初に触れた東金のミカンは、「家康公が三河国白輪村から取り寄せて植えた」と伝えられているので、家康がこのミカンを植えることを奨励して、「こんなに実りましたよ」という報告の意味も含めて食卓にのせられた可能性も考えられますね。

では、ミカンの木は何処にどのくらい植えられていたのでしょう。元和三年（一六一七）の記録を右の地図に表わしましたので参照して下さい。利根川の下流あたり、香取郡の近辺から銚子にかけてと、九十九里の北部に、合計二二八本が存在していました。これらの約半数は民家に、残り一〇六本は東金の例のようにお寺に植えられていました。谷本さんの家にも、一九八六年六月に私がお訪ねした時、「家康公に代々献上してきた柑子ミカンの木」という古木がシャキッとしていました。しかしその後崖くずれにより失われてしまいました。

同家は「柑子《こうじ》御《お》蔵奉行《くらぶぎょう》」という役職をもらって、代々ミカン献上を担当し、ミカンのための蔵場所を与えられ、ミカン輸送のための道中人足一、二名と馬一匹を道中の村から徴発する特権を持っていました。そして給与として一年間に二人扶持《ぶち》と金子三両を与えられました。寛政九年（一七九七）には、山四町歩（四ヘクタール）の無税での利用権、この山に立ち入る百姓から銭を取る権利などを持っていたことが確認できます。

ミカンは馬の背に乗せられて、どこをトコトコと歩いていったのでしょう？　江戸へ送られるコースを地図を参照しながらたどってみましょう。

古文書によると、まず上岡飯田（香取市岡飯田）の谷本さんから荷物を馬の背に乗せて出発し、↓ふま（香取市府馬）↓かふらき（旭市鏑木）↓大寺（匝瑳市大寺）↓たこ（香取郡多古町）↓佐倉（佐倉市佐倉）↓うすゐ（佐倉市臼井）↓大和田（八千代市大和田）↓舟橋（船橋市船橋）↓やわた（市川市八幡）↓市川（市川市市川）↓かさい（東京都江

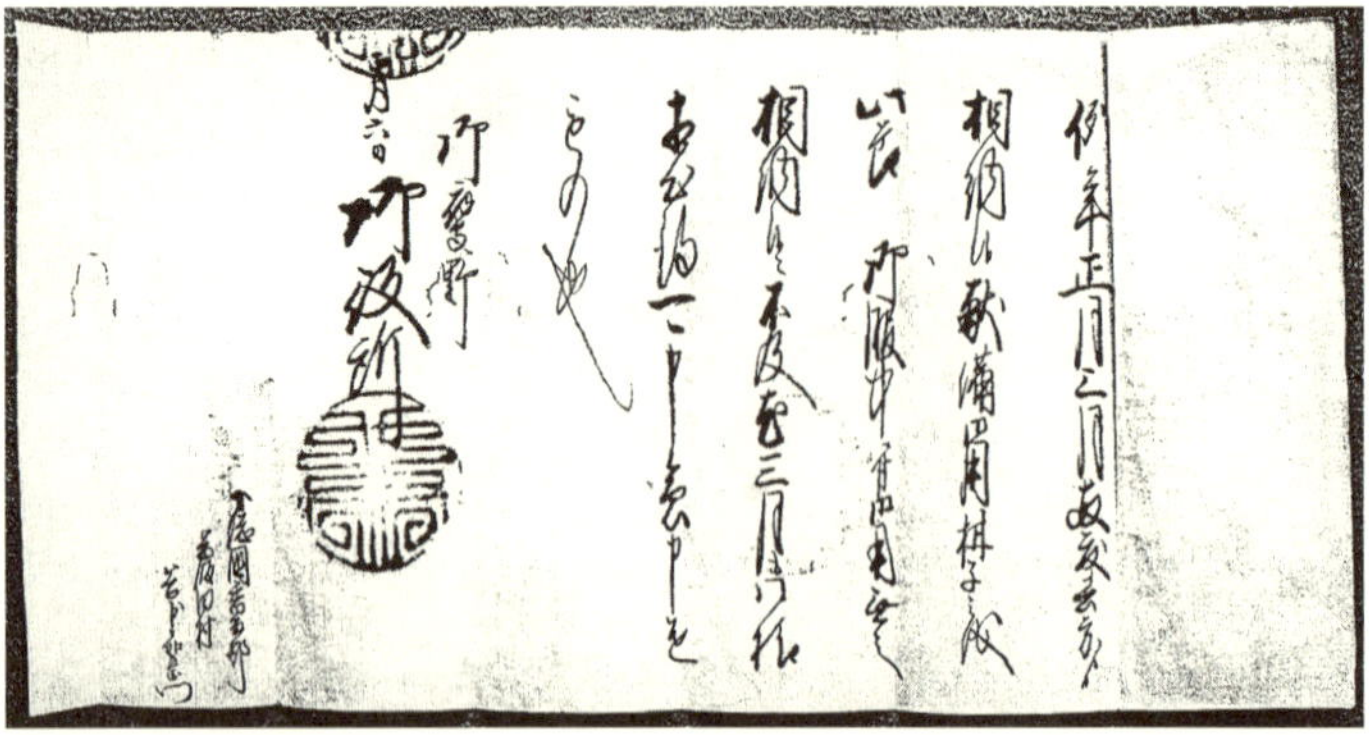

「毎年正月と三月に送っていたミカンは将軍様の体調が悪いので送らなくて良い」という書状（年不詳）

戸川区葛西）→あさ草（東京都台東区浅草）→江戸小伝馬町（東京都中央区小伝馬町）と継ぎ送られ、それぞれの場所で一旦荷物を降ろし、新しい馬に積み替え、新しい人足が付き添って江戸城を目指して行ったのです。

文禄三年（一五九四）に献上されたミカンの数量は、村高五〇〇〇石に一一二個ずつ割当てられているので、三三三六個送られたことになります。

しかし、ミカンを栽培することはあまり盛んにならなかったらしく、家康から特権を与えられ庇《ひ》護《ご》されたにもかかわらず、あまり年月を経ないうちに谷本家の特権は周囲の人々から無視されてゆきます。家康に初めて食べてもらった時からたった二〇年ほどしかたたない慶長四年（一五九九）に、谷本家は①ミカンの蔵の廻りの木を名主が勝手に伐採した、②乱暴な振舞いでミカンが傷ついた、③暴行を受けて半死半生の目に逢わされた、などの項目を挙げて訴訟を起こしています。元禄一三年にも、幕府の役人が交代したのに紛《まぎ》れて、給与などの支払を忘れられてしまったと訴えましたが取り合ってもらえず、「恐れながら申上げます……」と、駕籠《かご》訴《そ》という非常手段に訴えてやっと権利を取りもどしています。

ところで、献上されたミカンを家康公はどんな顔をして食べたのでしょうね？ 大奥に持って行って、お気に入りの側室と手あぶり火鉢の炭で焼きミカン……なんてしたのでしょうか？

悪政と農民のはざまに散った武士

最近の新聞紙上は、何億円をどうしたとか、何千万円の賄賂《わいろ》の授受があったか無かったかなど、政治家をめぐって賑やかですねえ。人間はいつの時代も欲深いもののようですが、江戸時代は一握りの支配者が農民から税を絞り取ることによって成立していた時代ですから、これがまた大変だったようです。しかし、その中にも、立派な人は存在しました。しかもこの千葉市内に……。

樽沢善右衛門の供養塔（千葉市若葉区最福寺裏手）

名前は樽沢《たらさわ》善右衛門。自分の職務に疑問を抱き、農民の苦しみを憂い、村の主だった者の一部の不正を嘆き、ついに切腹を遂げた人です。

京成千葉駅から発車する「いづみ台ローズタウン行き」のバスに乗って、「平和公園・いずみ台ローズタウン入口」で下車し、バスの進行方向に一〜二分歩くと道路脇（千葉市若葉区多部田町）に、ほんの数本の樹木がこんもりとしているのが目に入ります。この木の下に人の背丈より少し高い供養塔《くようとう》があり、
「天保七丙申歳四月廿六日　積善院法要日理信士　東武浜街　戸田邸　樽沢善右衛門墓」
と刻まれています。

時は天保六年（一八三五）、ＴＶなどでは、利根川べりでやくざが乱闘するシーンが出

てくるような、あの世の中が乱れた時代です。この頃は、天候不順のため作物の実りが悪く、農民は翌年まで食いつなぐ食料（当時は米どころか雑穀、雑草、山菜、木の実なども食べました）が不足で、領主に「どうか米を貸して下さい」と願書を出し、「お救い米」を支給されて、やっと命をつないでいるような世の中の状況でした。

こんな時代に、この近辺の二一ヶ村を支配していた領主戸田大学の財政も赤字で火の車でした。なんとか収入を増加したいと考え、代官として倉林富之進・幟之助親子を支配地に派遣しました。倉林親子は、財政を豊かにする案として、税を徴収する基本台帳を操作することを考えました。つまり土地の縦・横を測る道具を従来より短くして、農民の耕作地の測量をやり直します。すると、たとえば一ヘクタールであった土地が一・三ヘクタールあると評価されることになります。一人一人の持っている土地を前より広く評価して税率をかければ、税は増加して領主のふところは一気に暖かくなるわけです。

こんなことがまかり通れば、農民はただでさえ苦しいのに生きていけません。おまけに村の主だった偉い人たちは、代官に賄賂《わいろ》を送り自分達だけ増税からはずれ、うまい汁を吸おうとばかり考えていました。そんな中で、農民を守ろうと考えた割元名主《わりもとなぬし》（数ヶ村以上の名主を統率する）千脇《ちわき》次郎右衛門は、農民の味方となり領主の本家に、「分家のお殿様はこんな悪政をやっています、おそれながら……」と窮状を訴えました。当時そんなことをするのは「死」を覚悟しなければならない重罪です。農民たちはこの立派な人を死なせてはならない、どんなことがあっても協力しあって闘おうと誓約書を作り、現在の川井町の明神山（今は住宅街）と中田町の村役人の家に集結して百姓一揆《いっき》を起こしました。

多部田《たべた》村の石井家に滞在し、代官倉林と共に土地の測量を遂行し領主の収入増加を図るのが自分の職務であった家老檉沢善右衛門は、自分が推進している増収の方法に疑問を持ちました。この政策はおかしい、村の主だった者は自分の保身のためばかりに動いている、百姓は本当に命の瀬戸際だ、どうしたらよいのだろうか？　思い悩んだあげく、彼はその責任を自分一人で背負って切腹しました。

農民の抵抗に対して領主側は、村人のよその土地への外出禁止、村の役人はその地位を取り上げたうえ手を鎖でつなぐ罰を命令、前の年に救助の米一〇〇〇俵を与えると取り決めたのを取消すなどの処置をとりました。

しかし、滞在していた宿から出てはいけないと命令された宮田村の名主《なぬし》はさっさと江戸の宿を出奔して自分の村へ帰ってしまうし、外出禁止と命令されているのに惣代《そうだい》村役人は江戸へ出かけ、領主の本家へ領主が悪政をしているとまたまた訴える、と農民は一歩も引かない闘争を展開しました。

家老檉沢善右衛門の割腹自殺、しぶとい農民の抵抗により、結果は「すべて従来通り」

に戻され、割元名主は帰宅が許可され、領主から「けしからん」と数々書き上げられた罪も、特別のはからいとして何のとがめもなく、〝農民の全面勝利〟として一件落着し、代官親子は代官の職を取りあげられ千葉から引き揚げていきました。

畑の中にある供養塔下の樫沢善右衛門は、国による減反政策や、不作の年の業者の買占めとか、現代の米事情をどう思いながら眠っているのでしょうね。

流れない川

ＪＲ総武線に乗ると、新検見川駅と幕張駅の間で、花見川という淀んだ川の上を渡ります。なぜここに川があるのか、あなたは知っていますか？

花見川は、印旛沼から江戸湾へ向けて、莫大な費用と、人手と、長いながい期間を経て掘られた人工的な川なのです。

工事の目的は時代とともに変わりましたが、およそ次のようなものと言われています。

①利根川氾濫《はんらん》に対する水害対策。

②水位を低くすることによって新しい土地を作り、水田を増やす。

ハアドツコト
シーヨ

江戸から傭われた土木工事のエキスパート、黒鍬の者と呼ばれ、七〇貫目（二五〇キロ）くらい担いだ。太股にガイコツの入墨が見える。（山形県酒田市　久松家蔵）

③利根川〜印旛沼〜江戸湾〜大消費地江戸へと船で荷物を輸送する水上交通路作り。
最初の計画は元禄一三年（一七〇〇）の古文書で確認できますが、詳細はわかりません。次に享保九年（一七二四）に平戸村《ひらと》（八千代市平戸）の大百姓、染谷源右衛門が請負い、多くの人から資金を募って計画・着工しました。計画の概要は、掘る川の長さ約一七キロメートル、人足延数一五〇〇万人、潰れる土地の面積六九万平方メートルというものです。しかし資金が不足し、借金のために七八軒の家が破産したという散々なありさまで中断しました。

次いで、老中《ろうじゅう》（徳川幕府の重要な役職の一つ）田沼意次《たぬまおきつぐ》の政策によって安永九年（一七八〇）〜天明期（〜一七八九）にも大坂や江戸の大商人の資金を得て工事が行われましたが、千葉市花見川区柏井町のあたりが最大の難工事区域で、「けとう土」と呼ばれる柔らかい土が、掘っても掘っても廻りからなだれ込み、深く掘ることができませんでした。天明六年（一七八六）には利根川の大洪水と指揮をとっていた老中田沼の失脚により、工事は中止されました。

やがて「天保の改革」といわれる、さまざまな改革が行われた時代がやってきて、水野忠邦が天保一四年（一八四三）に工事の再開を決意します。この時は全工区を五つに分け、五大名に責任を分担させました。柏井のあたりは、山形の庄内藩と鳥取藩が担当しました。

工事にかかる人足は、江戸や地元からも雇われましたが、各大名の国元からはるばる鍬《すき》、鋤《くわ》、蓑笠《みのかさ》など道具一切を持参で旅をしてやって来た人々もいたのです。

庄内藩（山形県）からは一四六三人が歩いて来ました。記録によると、あるグループは七月一三日に鶴岡を出発して二七日に工事場へ到着しています。

到着すると、「海辺だと聞いていたので魚が食べられると思って来たらとんでもない、干魚も食わせてくれない。味噌のまずいことまずいこと。雨が降れば小屋の中で傘をささなければならない、風が吹けば灰のような砂が吹き込む掘っ建て小屋だ。ムカデ、蟻が沢山いて毎晩噛みつかれる。朝四時に起床、六時に現場へ、一六時に仕事から上がる」という生活が待っていました。このように遠くから旅をして来た上に、

側面に川掘り人足を供養している小川家の墓石。「天明三卯天十一月廿六日　自覚諦応信士　施主　小川金左衛門　川ホリ人足」と天明期の工事の死者を弔う。

小川家の山林にある川掘り人足を葬った塚

栄養状態・住居環境が悪く、早朝から長時間重労働をするのですから病人、死人が次々と出ました。

中林正憲氏の集計によると、山形の遊《ゆ》佐《ざ》地区からは二八三人の人足が来て、そのうち一九二人が病気にかかり損失日数は一三一四日、疾病発病率は実に七〇％近く、死者は七人です。

「死んでいく人を見届けたが、どの死人も心残りのある顔つきで、死んでも目を閉じない者もいる」と書いています。柏井町のあたりにはこうして死んでいった川掘り人足の墓が残っています。

旧家小川家の先祖は哀れに思ったのでしょう、泉蔵寺にある自分の家の墓石の側面に天明期の工事の死者の戒名を刻み

「川ホリ人足」と添書して供養していますし、同家の所有する山林には川掘り人足の墓と言い伝える大きな塚があります。その広さから、天明期にしろ天保期にしろ、死亡者の多さが想像されます。

工事が九割くらい進んだところで、幕府の要職にあり計画の中心人物、水野忠邦が失脚し、工事はまたもや中止となってしまいました。

その後の江戸時代・明治・大正時代にも工事は計画されましたが完成までゆかず、とうとうこの川掘りが完成したのは昭和に入ってからで、実に計画から約二五〇年後のことです。

ところが完成した頃には時代も変わり、印旛沼の水の利用価値が変化し、周辺に大住宅街ができて飲料水供給の必要性が高まる、工業用水として利用するなど、東京湾に流す必要性がないどころか、かえって印旛沼に水を蓄えたい状況になってしまいました。

花見川は、水資源開発公団により上流部で堰止められ、「流れる」という川として最も基本的な部分のない、生活廃水を落とす場となって存在しているのです。

壮大な農業用水工事

稲作の豊・凶作は、豊かな水が確保できるかどうかに大きくかかってきます。現在は地下水を汲み上げるポンプが多くなっていますが、昭和期まで水不足の年は、農民が自分の田に水を確保するために〝夜番〟をすることがありました。私が子供の頃は、春先から夏にかけて、農民は各家の田に引く水の配分に神経を尖らせ、暗闇にまぎれて他人が自分の家の田の水を盗まないように〝夜番〟をするのは珍しいことではありませんでした。それが発展して血を見る争いになることだってありました。ましてや、昔々はさぞ大変だったことと思います。

今回は、江戸初期の慶長一八年（一六一三）に千葉市内に施工された壮大な農業用水の工事についてお話ししましょう。名前は〝丹後堰《たんごのせき》〟と言います。

丹後堰は、加曽利《かそり》方面から流れる都川の本流と、川戸・赤井方面より流れる支流の合流点で堰止め、そこに溜まった水を千葉寺、寒川方面の田畑に流れるように引いた用水路です。

まず、千葉寺町にある「千葉寺」の境内、本堂の左手の墓地に行ってみましょう。その中にひときわ目立つ記念塔があります。最近は顕彰碑が添えられていますのですぐに分かります。この記念塔は寛永二年（一六二五）に建造され、文字が永い年月のために風化して読み取れない部分もありますが、碑文によると次のようになります。

「寒川村の住人であった布施丹後守とその息子が、領主にお願いして許可を貰い、慶長一八年正月一四日に着工し、延べ七〇〇〇人の労力を投入して五月九日貯水池の大堤防を完成させました。」

一口に七〇〇〇人といいますが、江戸中期でも家数は、星久喜《ほしぐき》五三軒・二五〇人、今井六三軒・三一〇人、五田保《ごたっぽ》五〇軒くらいしかありませんでしたから、大変な負担だったことでしょう。

そして当時の道具は鍬やもっこしかありません。下流の村々まで潤う水路が完成するのには一三年の月日を要し、完成の喜びを分かち合ってこの記念碑が建てられたのでしょう。

現在千葉大学医学部付属病院のある台地のすそに、ただの生活廃水を流す排水溝かと思われる小さな川があります。これがその時に構築された水路の一部で、千葉寺、矢作《やはぎ》、千葉、寒川、今井の方までの田に水を供給したのです。この地域で私達が「どぶ」と思っている溝が、それぞれ本当は約四〇〇年も前に作られた用水路の名残りである可能性はとても大きいのです。

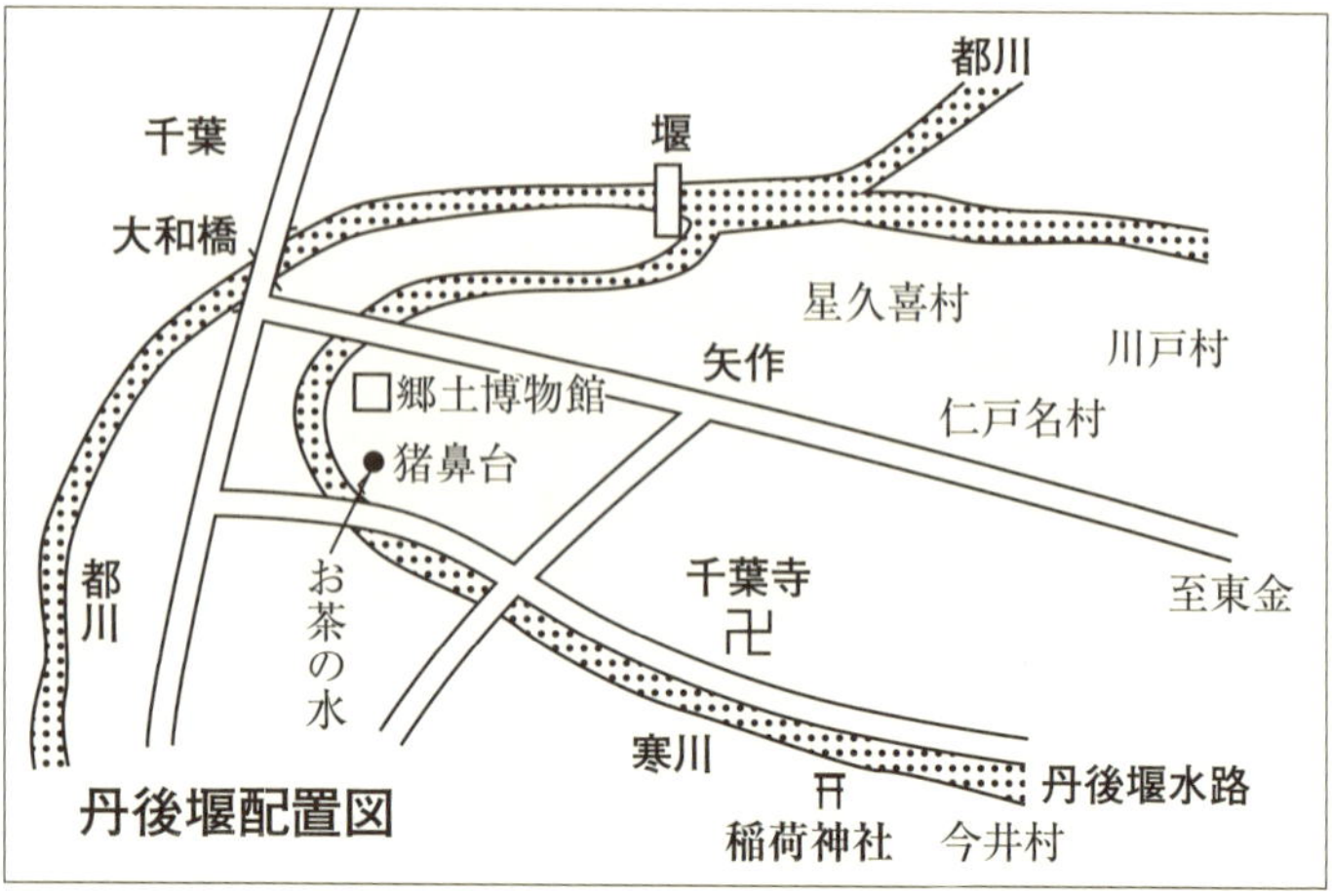

丹後堰配置図

また、松ヶ丘町から都町の五差路に向かい、都川にかかる橋の手前右側に「丹後堰公園」（千葉市中央区星久喜町）があります。この公園には普通の公園にあるような、ブランコや砂場など子供向けの遊び道具は一切ありません。二〇一一年一月には、湿地を好む榛の木の大木が数本そびえ、湿地特有のネコ柳や野バラの茂みを縫って大型の八ッ橋が巡らされていました。水たまりにはこぶしの枝が垂れ、銀色のつぼみが春を待っています。

この湿地が、都川の水を堰止めて溜めた遊水池の一部なのです。

一方、川崎製鉄（現ＪＦＥ）のすぐ前、稲荷町の旧道沿いに稲荷神社があります。境内には昭和五三年に三〇〇〇万円を寄付したという記念の碑があります。誰が寄付したのかというと、「丹後堰水利組合　稲荷地区」と彫られています。丹

布施丹後新潼記念碑に刻まれている文字（千葉寺境内）

後堰は、時の流れの中でその利用方法や役割に変化があったかもしれませんが、四〇〇年近い後世の水利組合の中の稲荷地区という一部の人たちが、三〇〇〇万円という大金を神社に寄付できるほどに人々を潤し続けてきたといえるでしょう。

幸いなことに、現代は、地下から汲み上げたり、遠方の川から引いたりして、必要な時に必要なだけの水が田に供給され、豊かな食卓を囲むことができる時代です。しかし、はるか昔遊水池の堤防作りだけでも、七〇〇〇人の労力をかけ、完成までに一三年の年月をかけて自然に手を加え豊かな生活を目指した事跡が自分の身近にあり、その恩恵を受け続けて来たことに私は感謝し続けたいと思います。

男の背中

元旦の空を見上げて、一年の決意を固めたり、襟を正したりして、さて一句！　と和歌や俳句を推敲する人は多いことでしょう。

風雲急を告げた幕末・文久四年（一八六四）の元旦に、「飛びわたる鶴の一声静やかににくまぬものにも　にくまる丶身を」と和歌を詠み、わずか一七日後には壮烈な斬り合いで死んだグループリーダーがいました。その名は楠《くすのき》音次郎。

彼は、前年の文久三年一一月、東金、片貝、茂原、八日市場一帯に、「徳川幕府による世の中を止め、皇室を中心とした社会にしよう。横浜に来る外国人を武力で追い払い貧民を救済しよう」と主張して竜巻のように蜂起した武力革命集団〝真忠組《しんちゅうぐみ》〟の首領です。

当時の九十九里一帯は、芝虫と呼ばれて未開墾の芝地にうごめく虫のように生きている人たちが数千人もいました。その上不漁が続き、喰うに事欠き、重ねて横浜開港による輸出超過が穀物等の値を引き上げ、追い打ちをかけました。

一方、片貝村を中心とした九十九里沿岸地方は、かなり学問の盛んな地方でもありました。幕末には国学者の平田篤胤《あつたね》がこの地方を訪れ、「天皇の臣下として、武士・百姓・町人は何の差別もない」という彼の尊王思想に共鳴した者が多かったそうです。

楠音次郎も、井之内村（現山武市成東）に納屋《なや》を借りて寺子屋を始めましたが、弟子が増え数ヶ月後には家を買い取るほどでした。また、農民や町人の間に武術を習う者が増え、金のある者が何十人もの浮浪人たちを泊め、武道指南をしていたそうです。

このような底辺民衆の状態が、真忠組に世直しの旗印を掲げて蜂起させたのでしょう。

彼等は第一に「愚かな商人が我欲のために、日々の必要品を外国へ売り払い、無用な外国の品を高価に販売するために、物価は倍になり、貧民は苦しんでいる」と横浜開港の弊《へい》害《がい》を主張しています。

第二に賄賂に魂を奪われた役人や、国家の大事よりも自分の領国の防禦《ぼうぎょ》を優先して領国へ帰ってしまった大名など、政治家に対する批判をしています（現在も耳の痛い政治家が多いのでは？）。

しかし彼等は、高い理想を掲げてはいましたが、その活動資金調達方法は、刀を振り廻し暴力的に米・金・武器等を集めるというものでした（彼等の主義に賛同して自ら支援した豪商もありましたが）。主義に賛同する者には苗字《みょうじ》を名乗り、刀を差す事を許したため、四民平等の思想を実践したとも言われますが、現実にはこれまで這いつくばっていた相手に今度は自分たちが威張り散らすという集団でした。参集者はほとんど町人、百姓、無宿人で、記録に名をとどめている参加者七四名中、武士の出身者は数名を出なかったということです。つまり統率され、指揮命令のもとに行動することのなかった集団と言えるでしょう。力を手にすると、烏合《うごう》の集団は暴徒に早変わりします。

　その上、当初真忠組は水戸天狗党の出先機関のように形成されました。先に結成された水戸の天狗党が乱暴なやり方で資金調達をしたため、庶民は天狗党と聞いただけで恐れおののき、真忠組が貧民救済の世直し運動の面を強く主張しても、武装して金品を脅《おど》し取る集団であることに変わりはなく、当然恐怖をもって迎えられたのです。

楠音次郎・三浦帯刀の墓（九十九里町小関）

　真忠組は貧民救済の方法として第一に、手に入れた米の大部分と金の一部を貧農・漁民に分け与えました。古文書を私が集計した数字では、米は八八九俵集め、うち七〇八俵

（約八〇％）を貧民に配り、金は三一〇〇両余のうち七〇〇両（約二三％）ほどを分け与えています。この点では貧民にとって、夢のような救世主に見えたはずでした。

次いで九十九里、茂原、八日市場に役所と牢屋を設け、独自の裁判や処置を行いました。貧民からの訴状や密告が殺到しましたが、事の理非よりも、富める者対貧しい者の対決で判決がなされた様子がうかがわれ、これを利用して日頃の恨みへの仕返しや、貸金の取立などに悪用した者もいたようです。

ところが古文書には、領主板倉藩の討手が真忠組の拠点・大村屋旅館を襲った時、群衆が「あっちへ逃げたぞー」などと討伐《とうばつ》軍に教えながら見物した様子が報告されていて、けっして自分たちの救世主の危機に対する態度とは受け取れません。真忠組の主義主張は、その施《ほどこ》しの米や金に期待したほど民衆の心は繋ぎ止められなかったようです。また、小《こ》関納屋《ぜきなや》（九十九里小関）に現存する楠音次郎と三浦帯刀の墓は、明治二八年にやっと建立され形もささやかなものです。斬死や斬首さらし首に処刑された罪人とはいえ、その直後に世の中は逆転したのです。四民平等の思想の先覚者と受け取られていたのなら、もっと早く墓石が建立されたでしょう。

文字が書けない貧民側の心は伝わりませんが、豪商や役人など、敵対関係にあった人たちの、「献金を断るとひどい仕打ちで刀を振り廻して強奪した」と悪口の限りの記録ばかりが残っています。

ここでもう一度冒頭の和歌を読みなおして下さい。

理想を掲げて立ち上がったものの、急速にふくれあがる烏合の集団の持つ強大なエネルギーが、自分の思わぬ方向にとめどなく加速度をつけて転がって行ってしまう。

元旦祝賀の宴で、正面の高い席に座り挨拶する自分の声は鶴の一声のように響き渡る。それなのに、それなのに、私の理想は末端の隊士には伝わらない。「こんなはずではない」「どうしたらよいのか」と心は乱れる。あの豪商や富める農民たちだって、自分はけっして憎んでいるわけではない。理想実現の日まで金を！　力を！　貸して欲しいだけなんだ。それなのに、皆な蛇蝎《だかつ》のように憎しみの視線を投げる。晴れやかな元旦であるから、なお一層、暗澹《あんたん》たる思いが深い……。

悩めるリーダーの孤独感が、その後姿と共に、目に見えるようだと思いませんか？

本書の初版発行後、楠音次郎の子孫の方から古文書のコピーを送って頂きました。それは、同家の家屋敷の見取図でした。

音次郎が売り払って真忠組の活動のために投入してしまい、今は無い家屋敷だそうです。これを拝見して、彼が金品を強奪するだけの無頼の徒ではなかった、高い理想を心に抱いていたと確信できとても嬉しくもあり、悲しくもありました。

明治維新の踏台

楠音次郎と同じ頃、徳川幕府を倒そうと、相楽総三《さがらそうぞう》の率いる赤報隊《せきほうたい》の副隊長となり、官軍先鋒として命を賭けて闘ったのに、偽官軍の汚名《おめい》を着せられ抹殺された、渋谷総司という男がいました。

彼は、佐津間《さつま》村（現鎌ヶ谷市佐津間）の名主重右衛門の二男として弘化三年（一八四六）二月に生まれました。安政年間には江戸の千葉三郎道場で修行し、文久三年（一八六三）諸国遊歴に出ています。

この頃は筑波山・赤城山などで倒幕の火の手が挙がったり、前にお話しした九十九里の真忠組が討ち取られるなど、倒幕の動きの激しい最中です。この遊歴中に、のちに赤報隊で行動を共にする落合直亮《なおあき》、権田《ごんだ》直助などと知り合っています。

慶応三年（一八六七）一〇月、相楽総三の理想を掲げた呼びかけの文に賛同して薩摩藩の江戸屋敷に入り、屯所《とんしょ》糾合隊使番《つかいばん》という役に任ぜられて倒幕の活動を開始します。同月西郷隆盛と会って何事か密談した後、一ヶ月余りで約五〇〇人もの浪士を集め、江戸市中で、喧嘩、押し込み強盗を働いたり、皇女和宮・天璋院《てんしょういん》などを立退かせる陰謀があるとの噂を流すなどの挑発的行動を起こしました。これは、幕府軍側に薩摩屋敷を攻撃させようという誘いの策略です。

徳川幕府はこの挑発に乗せられ、とうとう一二月二五日に薩摩屋敷に焼打をかけました。これで薩摩藩としては、幕府軍に刃を向けて戦争を始める立派な理由づけができたわけです。

相楽など二四名は翔鳳丸《しょうほうまる》に乗り、江戸から京都を目指し、幕府の軍艦回天丸や咸臨丸《かんりんまる》と戦いながら、翌正月の五日には京都に到着しています。渋谷総司らは激しい戦いの中でこの船に乗り遅れてしまい、陸路京都を目指し、正月二八日に合流しました。

京都では、綾小路俊実《あやのこうじとしざね》、滋野井《しげのい》公寿《きんひさ》を擁立して「赤報隊」という軍を組織し、「官軍の先鋒隊である」と認める太政官《だじょうかん》からの勅定書を受け取りました。隊員数三〇〇名。いよいよ官軍の最前線を、幕府軍を鎮圧しながら進軍します。

東海道コースは、官軍の手中に入る見通しが高く、赤報隊は困難と思われる中山道《なかせんどう》のコースを出発しました。この東山道鎮撫《ちんぶ》総督府の参謀には、のち「板垣死すとも自由は死せず」の言葉で有名になった自由党総理、板垣退助の名前も見えます。

赤報隊は政策として、「租税を半分に減免してよい」という許可を受け、新しい時代が民衆にとってありがたい時代であると認識させ、民心を幕府側から引き離すために、この租税半減を通過する村々で公表して進みました。

赤報隊員のほとんどは、武士ではありません。家を継いだ長男さえ、食うに事欠く民衆の生活苦は身にしみていました。彼等自身がありがたい政策と心の底からうれしく感じていたに違いありません。ですから高らかにこの政策を掲げたのです。

しかし、大事をなし遂げるには莫大な資金が必要なことは、今も昔も同じです。ところが、官軍の財政は逼迫《ひっぱく》状態です。新たに軍資金の調達を図ろうとすると、先に赤報隊に与えた「租税半減免除」の約束が実に都合が悪いのです。一旦は与えたこの許可が、官軍の中でしだいに重荷になっていきました。

赤報隊は、もう明治と年号が改められている二月六日に信州下諏訪に到着しましたが、それよりわずか前に東山道鎮撫総督から、「彼等は無頼の輩《やから》で偽官軍であるので、討ち取ってよい」と布告が出されていました。

三月二日に隊長以下四八名が捕縛されるとすぐ翌日、申し開きをする暇も与えられず、口封じをするように、相楽・渋谷など幹部八名は斬首晒《ざんしゅさら》し首となりました。彼等の死を悲しむかのような雨の日だったそうです。時に渋谷総司二二歳の若さでした。

彼等が汚名を着せられて処断された原因は何でしょう。

もちろん先に挙げた租税半減免除が重荷になったことが第一の原因と考えられますが、

宝泉院にある渋谷総司の碑

他にも次のような理由があります。

赤報隊は隊長以下みな当時の主流である薩摩、長州、土佐の藩士ではありません。主流でない者たちが〝切れ者で剛直な〟人物に率いられて華やかに活動したことが嫉《ねた》みを買ったのです。先鋒争いで薩摩藩士と関東出身の相楽が真っ向から論争して、薩摩藩士を沈黙させてしまったこともあったと言われます。

また、赤報隊が通過した時に彼等と戦ってしまった小諸藩などは、自動的に新しい政府に対して敵になってしまうので、彼等が偽官軍とされれば実に都合がよかったのです。

さらに、大藩を後楯とした軍には、それなりの軍資金が支給されましたが、勤皇浪士と呼ばれる彼等は、すべての費用が自分持ちです。実家が裕福な者は家から取り寄せましたが、ほとんどの者は富める者から「借りる」という名目で調達したので、巷《ちまた》には本物の勤皇浪士や偽者の強盗が横行し入り乱れていました。そのために彼等も悪業を働いたと指弾されたのです。

彼等の汚名が挽回されたのは、実にそれから六一年も後のことです。

赤報隊の隊長であった相楽総三の孫亀太郎が、仏壇の中に血糊が乾いてカチカチになった祖父の髷《まげ》を発見した日から始まった必死の努力によって、昭和三年に相楽総三と渋谷総司二名の叙勲《じょくん》が行われました。初めて、「官軍として命令を受けての行動であった」と認められたのです。その時に建立された「渋谷総司の碑」が鎌ヶ谷市佐津間の宝泉院境内にあります。私が訪れた日は、雪の翌日でした。朝日に輝く雪の中に、すがすがしく建っていました。

とかく明治維新は、有力者によってなし遂げられたと考えがちですが、彼らをその高みに押し上げるために、下で踏台になり歯を食いしばって支えた農民、漁民などのエネルギーのうねりがあったのですね。

海を駈けたロマンス

時は弘治二年（一五五六）、房総の勇者として君臨していた里見一族の軍勢が、得意の水軍を駆使して海を渡り城ケ島を攻略、勢いに乗じて三浦半島を北上し怒濤のように鎌倉に攻め入りました。

そして、あろうことか太平寺という尼寺の住職であった青岳尼《せいがくに》と大切な本尊の観音像を、海を越えて安房の国に連れ去ったのです。

当時、鎌倉の西御門《にしみかど》にあった太平寺は、室町時代鎌倉の尼寺五山の筆頭という由緒あるお寺で、この寺の庵主は代々足利家の血筋の者がつとめており、青岳は足利義明の娘でした。

現千葉市中央区生実《おゆみ》にある生実神社のあたりは、古くは千葉氏の一族・原家の居城でしたが、青岳尼の父親・足利義明が永正一四年（一五一七）に原氏を討ち取りこの地を本拠としたので、義明は「生実（小弓）御所」とも呼ばれた人です。

一方、戦国大名としての里見氏が最も活躍・発展したのは、義堯《よしたか》とその子義弘の時代でした。里見氏は生実御所・足利義明と手を結んで、自分の軍に尊い血筋の箔《はく》をつけて戦いを有利にする戦法をとりました。

天文六年（一五三七）従来手を組んでいた北条氏に背を向けて、足利義明に呼応して百首城《ひゃくしゅ》（富津市）を攻め、足利義明軍に勝利をもたらしました。

戦国の荒々しい世の中で、お互いに信じあえる根拠は、口約束や紙っぺらではなく、血筋や結婚による結びつきだったそうで、足利義明の娘青岳と里見義尭の息子義弘の間に縁組の約束がなされました。しかし、翌年北条氏と戦った下総国府台の合戦で、義明・義純親子はあえなく討死してしまい、この約束は立ち消えとなってしまいました。

この戦乱の中を、義明の子の二人の姉妹がどのようにして逃れたかはわかりませんが、後に敵方・北条氏によって、姉・青岳は太平寺の住職、妹はあの駆込寺・東慶寺《とうけいじ》の一七世住職になっています。

里見義尭は天文一〇年（一五四一）に北条氏綱が死ぬと、猛然と反撃に出ます。越後の上杉謙信と同盟を結ぶことによって有利に戦い、弘治二年、冒頭に記した鎌倉入りとなったのです。

この時、青岳尼は〝略奪〟されたのか、〝駈落ち〟だったのか？　とにかく里見の軍勢と共に安房の国に移り、里見義弘の正室として迎えられました。

利害関係だけで言えば、この行動は義弘側としては、由緒正しい血筋を迎える政略、青岳側では父の仇の手中からの脱出と好都合の組合せです。

しかし、それだけだったのでしょうか？　この事件を強い愛に基づく行動であったと説く人々がいます。私もそういうバラ色の夢を信じたい一人です。以前婚姻の約束をしていた姫君が尼僧となって仏に仕えている寺にカッカツと駒を乗り入れる武将の姿。情熱が胸にあふれていたのではないでしょうか。青岳尼の方だって、名門である寺の最も責任ある地位にありながら、その座を捨てることには、大変な決断力が必要だったはずです。当然轟々たる非難も覚悟しなければならなかったでしょう。

雨の中に立つ青岳尼の石塔

当時、北条氏康は青岳の妹東慶寺の旭山尼に宛てて次のような書状を書いています。

「恐れながら申し上げ候。太平寺の青岳尼が向かいの地の安房に移ってしまったことは、本当に不思議な企てである。でも仕方がない事なので、太平寺の伽藍は廃絶にするしかありませんね」。

事実、尼寺太平寺は廃寺とされました。妹が東慶寺の住職であった関係で、北条氏康は東慶寺の尼僧に仲介を依頼して、持ち去られた観音像を鎌倉に返却するようにとの交渉をしています。当然青岳尼にも帰国して欲しいとの要求がなされたと思われますが、彼女は安房に残り、仏像だけが再び海を渡って鎌倉に返還されました。自分が朝夕仕えて来た仏様を返却してもなお、我が身は義弘のそばに残る道を選んだ青岳の姿に、義弘に対する愛を感じます。後世の推測でしょうが、『房総里見誌』には、「お二人の仲は、とてもむつまじかった」と書かれています。

北条氏の方は、「源頼朝の守り本尊であった」という仏像だけでも帰ってきたことがとてもうれしかったらしく、東慶寺の尼僧に対して、安房の国に長い間滞在して交渉した苦労をねぎらう丁重な礼状を出しています。

この仏像は現在でも「太平殿」と書いた額が掲げられて、東慶寺に安置されています。もし東慶寺を訪れるチャンスがあったら、宝物殿で拝見して下さい。この大きな仏様が舟に乗せられて江戸湾を二度も渡ったのかと思うと感激ひとしおのものがありますから。微妙な細工が壊れないように随分配慮して運んだのでしょうね。今は、国の重要文化財に指定されています。

平成八年八月、南房総市富浦町原岡にある興禅寺の境内には、一基の石塔がしたたるような緑の山を背に、一匹の青蛙を肩のあたりに乗せて雨の中に静かにたたずんでいました。そこには、「寺を創立した青岳尼の天正四年の石塔が、一〇〇年もの月日を経て荒れてしまったので延宝三年に再建する」と刻まれています。

彼女は尼僧であった時の名だけは知られていますが、幼い時の名も、里見義弘の正室となった時何と呼ばれたのかも、わかっていません。当時女性は〇〇女とか〇〇母というように、男性との続柄で記録されていたからです。

寺の門前の八軒ほどの家は、青岳に仕えて共に鎌倉から安房に移り住んだ人々の子孫と語り伝えているそうです。

黒船来航と老婆の居住権

ＪＲ内房線に竹岡という駅があります。海釣りの好きな人ならば「ああ知ってる」とおっしゃるでしょうね。ここは、昔々は竹岡という地名ではなく、百首《ひゃくしゅ》と呼ばれていました。百首には、海から急に盛り上がった小高い岡があり、東京湾の入口が袋の口のように細くなっている所に位置しています。海からやって来る敵に対して、守るにも攻めるにも大変都合がよい場所です。戦国大名の里見氏も拠点の一つとしてここに城を構えて現在の東京や鎌倉へ兵を出して繁栄していました。

ところで、時代がずーっと下って幕末に近くなると、鎖国をして外国とのおつきあいをしなかった徳川幕府に対して、外国船が開国を迫ってやって来ます。安永七年（一七七八）と寛政四年（一七九二）にはロシアの使節が北海道にやって来て通商を要求しました。特に寛政四年の時には、江戸湾に入港したいと要求します。幕府は将軍のお膝元の江戸湾に外国船が来る危機感にあわてふためいて、翌年、老中（幕府の要職の一つ）松平定信が房総の海岸を巡視して調査しました。

文化元年（一八〇四）にまたロシア船がやって来たので、幕府は館山市と百首に台場《だいば》（大砲を備えた場所）、南房総市千倉町に遠見番所《とおみばんしょ》（監視場所）、富津市に遊軍《ゆうぐん》出張所を造りました。そして館山の陣屋を「松ヶ岡」、百首陣屋を「竹ヶ岡」、千倉町の番所を「梅ヶ岡」と松竹梅になぞらえて名付けました。まもなく百首は、村の名前も竹ヶ岡と変えてしまいましたので、現在に至るまで地名として残り、それが今回の話題の土地なのです。

さて、幕府のお役人が砲台を築くために百首にやって来て見ると、工事の邪魔になる所に一軒の貧しげな家が建っていて、老婆が一人で麻を紡《つむ》いで細々と暮していました。工事を担当する役人が哀れに思いながら「お前には子供はいるのか？」と聞くと、「息子が一人いるが、故郷を捨ててどこかにいってしまい、風の噂では、江戸で髪結い《かみゆ》（現在で言えば理髪店かパーマ屋さん）をしているそうです」と涙をぼろぼろこぼしながら答えました。

役人は、「それでは、その息子を呼び返して、良い代替地に住みよい家を新築してやろう。その上、息子に髪結頭《かみゆいかしら》としての営業許可証を与えるし、お前には死ぬまで二人扶持《ににんぶち》（給与の額）を与えるから、こんな仕事は止めてしまい、春は花、秋の夜は月を眺めて心安らかに暮らすがよい」、「今回この家が工事の邪魔になったということは、神様が授けてくれたものすごい幸せなんだから、この条件を受けて早く立ち退きなさい」とすすめると、老婆はたちまち腹を立てて、白髪頭を振りふり、「よくも、よくも、この私を騙して土地を取り上げようとして……。ここは先祖代々住み慣れた大事な場所だぞ。たとえ黄金を星に届くほど積み上げられても、わしにとっては何の意味もないわい。このぼろ小屋こそわしの宝物なんじゃ。たとえ命をとられても絶対にぜったいによそへはゆかないぞ」と手足をばたばたさせて泣きわめきました。まるで石のように固く思い込み、いやだいやだと首を振り続ける老婆を持て余し、役人は説得を諦めてしまいました。

つまり、お婆さんの家を避け、予定地をずらして縄張りをして築造工事が行われ、文化八年（一八一一）の八月に完成したのです。

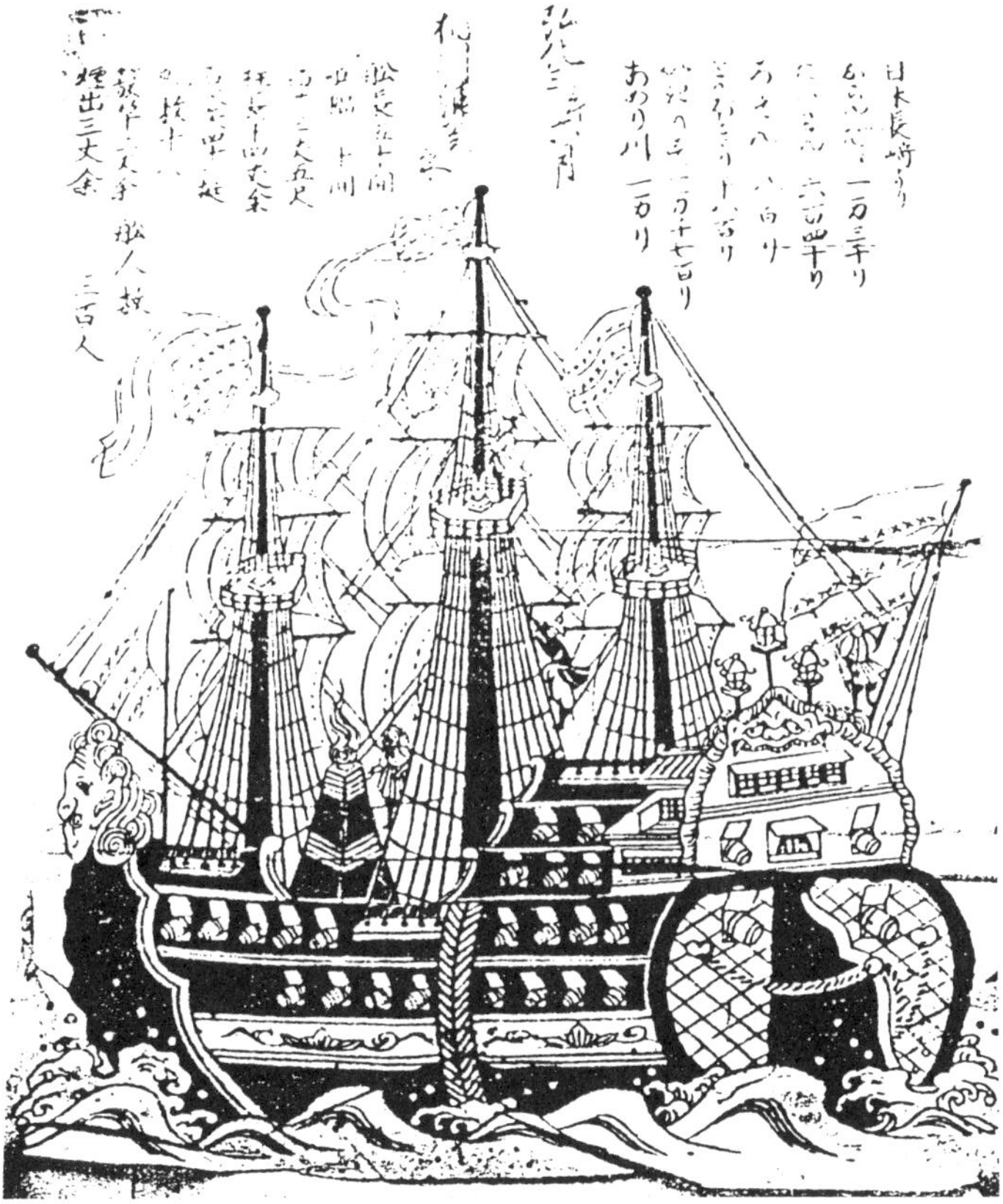

内房の村に残る黒船の絵　弘化３年（1846）に浦賀に来たもの。船の側面に48門の大砲を備えている。船長91メートル、幅18メートル、「あめり川（アメリカ）迄一万里、以紀り寿（イギリス）迄一万千七百里、乗組員三百人」その他の書き込みがあります。
はっきりと大砲が見えますね。数えてみては？

あの俳句で有名な小林一茶が、文化八年五月にこの土地を訪れて、この話を聞き、「まったくしぶとい馬鹿者である」と日記に書き記しています。

現代と違って、強大な権力・強制権を持ち、人権とか、居住権などという考え方の希薄な江戸時代に、この役人がどうしてお婆さんの言い分を聞き入れて、築造場所を移したのか不思議ですね。老婆のぼろ家など、役人のメンツにかけて強制撤去することはたやすかったはずです。一茶も、「この役人の特別の配慮に感心しない人はないだろう、中国の故事に出てくる善政に優るとも劣らぬ良い政治である」と感想を述べています。

ところで、あなたがこの老婆の立場だったらどうしますか?

さて、武装したアメリカ艦隊（黒船）を率いて、ペリーが最初に浦賀へやって来たのは、嘉永六年（一八五三）であることは有名ですね。竹岡の砲台が完成して四二年のちのことです。せっかく築造した砲台も、歴然とした技術格差のために役に立たず、戦うことなく日本は日米和親条約を結びました。

さつま芋と〝のんだくれ浪人〟

農作物としてさつま芋を関東に普及させた人は誰か知っていますか? とたずねたら、ほとんどの人は、「はい、それは青木昆陽《こんよう》です」と答えると思います。そう、それで正解ですが、この答え一つだけが正解ではありません。

彼がさつま芋普及のために試作地へやって来た日数は合計七日しかありません。この程度の指導や努力で、新しい品種の作物が定着し、収穫高が増えてゆくほど農業は甘いものではありません。

千葉市花見川区武石町に、「昔々織田玄琳《げんりん》という浪人が来て、暖かい苗床を作って苗を育て、畑にはその苗を植えるなどの方法を指導した」という話があります。昔語りを聞かせてくれたおじいさんが、「織田玄琳がこの木の下で村人に苗を配ったそうだよ」と指さした椎の大木は、一九七七年一〇月に私が訪れた時も緑濃い木陰を作っていました。

では、青木昆陽は何をしたのでしょうか。彼は、あの享保の改革と呼ばれる、徳川時代の中でも動きのある時代に登場します。徳川幕府という、当時最高の大会社に入社させたい人物として、「学問に優れ、親に孝行な人物」という触れ込みで、テレビでも名奉行ぶりを毎度披露しているあの大岡越前守忠相《ただすけ》に紹介されました。そして採用試験の論文に『蕃薯考《ばんしょこう》』という、さつま芋をテーマにした「飢饉《ききん》を救う効果的な作物である事」などを書きました。

その頃の世の中は、享保一七年（一七三二）に大飢饉に襲われ、翌年には江戸でも二〇〇〇人もの人が米屋を襲撃する事件が起きた騒然とした時代でした。享保一九年、大岡忠相は、あの〝暴れん坊将軍〟吉宗にこの青木昆陽の書いた論文を披露しました。将軍吉宗は、民衆を飢饉から救う食物として大いに興味を持ち、さっそくその年に江戸城内の吹上御苑でさつま芋の試作を命じ、翌年には、小石川養生所《ようじょうしょ》（現在の東京大学理学部附属植物園小石川本園）と下総国馬加村《まくわり》（千葉市花見川区幕張町）と上総国山辺《やまのべ》郡不動堂村（山武郡九十九里町不動堂）の三ヶ所で試作を行いました。現在、幕張には青木昆陽を神様とする昆陽神社があり、さつま芋の試作地であることを刻んだ碑が建っています。

この試作で出来た種芋と、作付けの説明書が幕府から諸大名や伊豆の大島など離島に配られ、青木昆陽の著作が全国版となったわけです。しかし、彼がさつま芋の仕事に関わっていたのは、享保一九年と二〇年の二年間だけだそうです。

九十九里町は、「栽培すると漁業が不漁になる」とか、「さつま芋には毒がある」などの噂が流れ、数年で作られなくなってゆきます。幕張地区の方は、享和三年（一八〇三）の村の帳簿に、「さつま芋を沢山作り、江戸へ出荷している」と記録されていますし、明治二年の犢橋《こてはし》村（千葉市花見川区犢橋町）の記録には「一年に五〇〇両くらいの収入になっている」と書かれています。

また一方では、農民の立場からではなく商人の立場で、銚子の唐子《からこ》薩摩屋佐兵衛という関西出身の商人が、寛保年中（一七四一～四四）に商売で薩摩に行った時に覚えて銚子で栽培し、江戸で販売したら珍しいと喜ばれ高い値段で売れたため、近くの村々に栽培が普及したという話もあります。

ところで、武石に語り伝えられた昔話を裏付ける書物が、江戸時代に存在しました。佐藤信淵《のぶひろ》という江戸時代後期の農政学者が書いた『甘藷説』という本の中に、織田玄琳について次のような記載があります。

安永の頃、武石村に薩摩国（鹿児島県）の浪人が流れながれてやって来ました。そして村人のさつま芋を育てる様子を見て、「これは我が国で琉球《りゅうきゅう》芋と呼んでいる芋だが、こんな寒い土地で、こんないい加減な作付け方法でどうして育つもんか」と大笑いし、芋を刻んで埋めるのではなく、暖かい苗床を作って苗を育て、それを畑に植えることなどを指導しました。彼の指導のおかげで芋の蔓《つる》は茂り、芋も大きく育ち、味も大変よく、武石村は仕立てた苗を近傍の村に販売して多額の利益を得、検見川村は芋の作付けによって毎年

「三千金」もの収入になったと言っています。どうやら最初は芋を刻んで直接畑に埋めていたようですね。

ところで、このありがたい栽培指導者・織田玄琳先生は、実に飲んだくれの放蕩者《ほうとう》でした。農民が、先生、先生と尊敬して金銀を贈り立派な衣服を進呈して、毎日の食卓には、酒、肴などを欠かさずもてなしていましたが、今日衣服を持っていくと、その夜のうちに売り払って酒に替えてしまい、また与えると翌朝にはふんどしだけになっている。また与えるとまた赤裸の繰り返しで、村人はついには呆れ返り、とうとう最後は路傍に行き倒れとなって死んでしまいました。それでも村人は彼に感謝して、神様として祭ったということです。

馬加村の真蔵院という寺の過去帳に薩州医師織田玄琳息子（文化一三年〔一八一六〕死亡）と、同妻（文政三年〔一八二〇〕死亡）と記され、供養塔が建てられています。しかし、この親子がこの飲んだくれ先生の妻子であるという確証は、つかめません。

村人が織田玄琳を神様として祭ったのがどこかはわかりません。だから佐藤信淵の作り話だと主張する研究者もいます。しかし、現在の昆陽神社は、弘化三年（一八四六）に古くからある芋神《いもがみ》の小さな祠《ほこら》を改め、青木昆陽自筆の詩を御神体として昆陽神社にしたと記録されているので、私は、古い芋神様は行き倒れた織田玄琳を祀ったものだっただろうと思っています。

彼には、さつま芋栽培の指導やそこそこの医者として「先生」と尊敬され、金品衣服に不足ない生活でも満たされない心のすき間があったのでしょう。きっと、農民の指導者としてではなく、武士として刀にかけて生きてゆきたかったのではないでしょうか。希望は満たされず、鬱屈《うっくつ》とした感情が彼を一層酒に駆り立てたのだろうと私は勝手に想像しています。

織田玄琳妻子の供養塔（真蔵院）

それぞれの人がそれぞれに、自分の置かれた立場でさつま芋に関わって生き、死んでゆきました。

さつま芋は、その後、江戸時代の飢饉、離島の食料、近くは第二次世界大戦の時の日本国民の飢餓を救うなど重要な役割を果たしました。「当時を思い出すから、さつま芋は見たくもない、食いたくない」という人が現在も私の身近にまだいます。私は、さつま芋がほどほどの立場で食卓に上り、〝多くの生命の危機を救う〟などという脚光を浴びない時代が続くように祈っています。

農村指導の神様

「悪政と農民のはざまに散った武士」の項では、幕末に農村が崩壊していくことについて触れました。あの天保水滸伝のメンバー・銚子の五郎蔵、飯岡の助五郎、笹川の繁蔵などが活動した頃の村をちょっと覗《のぞ》いてみましょう。

銚子近辺にあった長部《ながべ》村（旭市長部）は、明和の頃（一七六四〜七二）は家数四〇軒くらいの村でしたが、天保元年（一八三〇）までの約六〇年の間に二二軒と半分近くに減少してしまいました。残った二二軒も農業だけではやって行けず、そのうち二一軒が木挽《こびき》職を兼業しているというありさまです。博徒の一家が近いために放蕩《ほうとう》者が多数出るし、若者・子供までが不良となって行くので、困り果てた名主《なぬし》は大原幽学《ゆうがく》に教えを乞いました。

私はこれまで有名な大原幽学という人物を、孟子だ、孔子だと、机上の理論を講釈した先生かと思っていましたが、とんでもないことでした。まあ、彼がどう指導したかを見て下さい。

①共同組合の始まりと言える、「先祖株組合」を結成。一定の土地を出し合って共有財産とし、そこから上がる収益を、困窮者の救済に当てたり子孫のために積み立てたりする。

②能率向上のため、耕地整理を実施、一枚の田を約一反歩に揃えた。

③耕作に便利な場所に二軒を一組として住居を移転させ、親戚でも何でもない者同士の相互扶助を図った。（職住接近）

④年間の農作業の予定表を作り、計画的な作業を指導した。そのために木版印刷でノートを作っている。

⑤毎日夕食は「一家団欒」で食事をとり、その時「宵《よい》相談」と称して、必ず翌日の農作業の予定を立てさせた。

⑥それまでの田植えは苗の植え方が不規則だったが、縄を張り真っ直ぐに植える方法を指導。

⑦肥料の作り方、施し方など、金がかからない方法を指導した。

⑧「幽学万能」と呼ばれる鍬など、農具を使いやすいように改良。

大原幽学の居宅を兼ねた講義所（国指定史跡）

⑨衣類などの日用品の共同購入。
⑩生活改善を図り、金のかからない生活を指導する。
⑪住居を設計し、北側にも窓を設け、風通し良く明るく開放的家屋をめざす。
⑫薬を調合し、病人の治療にあたる。
⑬以上のような多角的な指導をしながら、一方定期的に「性学」と称した学問を講義したり討論会を行ったりして人間性を高める努力をした。

学問的指導の討論会の時には、次のような禁止事項を掲示して行なっています。

①酒を飲んで出席してはいけない。
②むだ口、ずるずると長話、さし出口、あら捜し、他人の噂話は禁止。
③誰かが発言したら全員静まりかえって

よく噛みしめて聞くこと。

一貫して見られる計画性と合理性の追求は、現代の企業が日頃社員に指導している品質管理活動、改善提案活動の先駆者のようです。今の政治の世界にも呈示しておきたいと思う程ですね。

そして　次に私が素晴らしいと思う点は、こうした教育を一家の主である男性だけでなく、女性や子供も男性と同じく「道友」と呼んで、「婦人会」「子供大会」などの集団教育をしていることです。

また子供の教育には「換子《かえご》教育」といって七歳から一五、六歳を対象に一、二年かけて一人の子供を数軒の他人の家で育てる制度も実施しました。

その時受け入れ側の家の教育心得は、
①人目を忍んで涙が出るほどの愛情がなければならない。
②口で教えれば口で覚えるだけだから、口で教育してはいけない。
③子供が悪口を言った時は家中知らぬふりをしているのがよい。
④子供がずるずるなのは、皆自分がずるずるだからである。
⑤何事もいっぺんに教えようとしてはいけない。段々にするのがよい。
見ていると自分の子育ての頃をかえり見て、ウーンと唸って恥ずかしくなってしまいます。

家の後継者である子供、伴侶であり子供の直接的指導者である母親を家の主《あるじ》と等しく重んじた教育です。

それどころか、彼は母親の胎内に育まれている胎児まで視野に入れていました。妊婦に対する心得には「懐妊したら、魚は、鯛・ひらめ・きす・ほうぼう・こち、すべて軽い魚がよい。黒ごま・長いも・あられ餅等も大変によい。出産後は七五日までは、背負い物・はたおり・重い物を持つことは第一に悪い」と書いています。

女性、殊に嫁の位置が低かった時代であり、男性も含めて普段の生活には倹約一途、鰯のほかは食べないという指導であるにもかかわらず、高級魚の名が連ねられ、仕事も産後七五日も制限を加えています。現代でも法的制限は産前産後六週間ですから、いかに彼が子供と母親を大切に思っていたかがわかりますね。

彼の努力が実って村の生産が上がり活気が戻ると、嘉永元年（一八四八）には村の支配者・清水家から褒美が与えられ、他の村々も見習うようにとの通達まで出されたそうです。

しかし、こうした傾向を喜ばない者がいました。関東取締出役《でやく》の手先を務めていたヤクザの親分は、子分たちが改心して村に帰り、農作業に打ち込んでいる姿を見ては面白くありません。「何やらキリシタンか邪宗の宗教のようなことをやっていますよ」と幕府の役人にでたらめを訴えました。そのため、関東取締出役や幕府の勘定奉行から六年間にもわたって取り調べられました。

その間、幽学や関係者は江戸に滞在しなければならず出費がかさんだので、村に残った門人たちは幼い家族までが奉公に出てその給金を仕送りして彼らを支えました。幽学からの多数の礼状の中には「奉公に出てその給金を送っていただき、とてもありがたい。しかし、そなたはまだ若いので、もし途中で奉公が嫌になったら、親に迷惑がかかる。この金は大事にしまっておき、年季が明けた時に使わせてもらいますよ」とか「あなたが奉公して送金することを一家全員が賛同してくれて、江戸に滞在する者一同とてもうれしく思います。しかし困窮している身なのですからこの送金がもとで一家が不和にならないかと心配です。くれぐれも無理をしないように配慮して下さい」などと書かれていて、相手に対する配慮や、何よりも家族の和を大切にする思いに人柄がしのばれます。

江戸時代の政治は基本的には、前例のない事を行うことは〝悪〟であるという考え方に立っています。安政四年（一八五七）に下った判決は次のようなものです。

①幽学は一〇〇日間の押し込め。
②教育の場所の取壊し。
③先祖株組合の解散。
④村の名主に罰金。

幽学は、押し込めの刑を終えて長部村に帰ると、割腹自殺を遂げてしまいました。それは次のような理由によるといわれます。

①六年の留守の間にまた元の生活に帰ってしまった門人が多く落胆した。

②彼を信じて支え続けてくれた門人たちに莫大な負担を強いる結果になったことに対する自責の念。

③自分の武士としてのプライドや意図とは逆に、幕府に責められる結果となったこと。

彼は幕府を倒すような思想をもって農民を指導していたのではありません。かえって幕府を支えてゆく基盤の農村をしっかりと固めたかったのに……。

これほど農民から尊敬の念を集めた彼の墓石ですが、亡くなってからずっと後の大正一一年、長部村の名主だった遠藤家個人の墓地の中に顕彰碑の形をとって建てられています。独立して存在しないこと、建立時期が遅いことが私にとって不思議でしたが、彼は、「自分の墓は建立しないこと」という遺言を残していたのです。村人は律儀にこれを守ったのでしょう。

大原幽学を大いに利用できるような幕府の体制であったら、歴史は変わっていたかな？……などと思います。

鵜原の海と紀州の漁民

房総の各所に紀州（和歌山県）と同じ地名が存在することに気づいている人は多いでしょう。これは、江戸時代に紀州の漁民が大勢で船団を組んで関東にやって来ていたことに起因しています。その中の、勝浦市鵜原《うばら》と紀州漁民の関係についてお話ししましょう。

ＪＲ鵜原駅で下り右手へと直進したら海、もうここは紀州漁民とのゆかりの海です。波とたわむれている人々のかたわらに、神社の社《やしろ》も何もないのに、鳥居だけがはるかな海に向かって襟を正すように立っています。ここは「紀州根」と呼ばれ、湾の右手の崖の中ほどの場所は、紀州漁民がやってきて最初に居を構えた場所だと言われています。

海岸に沿って左手へと、元禄の大津波の犠牲者を祀ったという小高い塚を見ながら進み、岩をくりぬいたトンネルをくぐり、草に埋もれた小道を登って下り波打ち際まで降りると、こぢんまりとした美しい小さな浦になっています。ここが「けど浦」です。

後を振り返ると、崖に大きな四角く切り取られた穴があります。人が一人立って入れる高さで、中は畳一〇畳敷き以上はあるでしょうか。土地の人々は、紀州漁民が漁具を入れていたとか、季節的に訪れて住居がわりに使用したとか語っています。

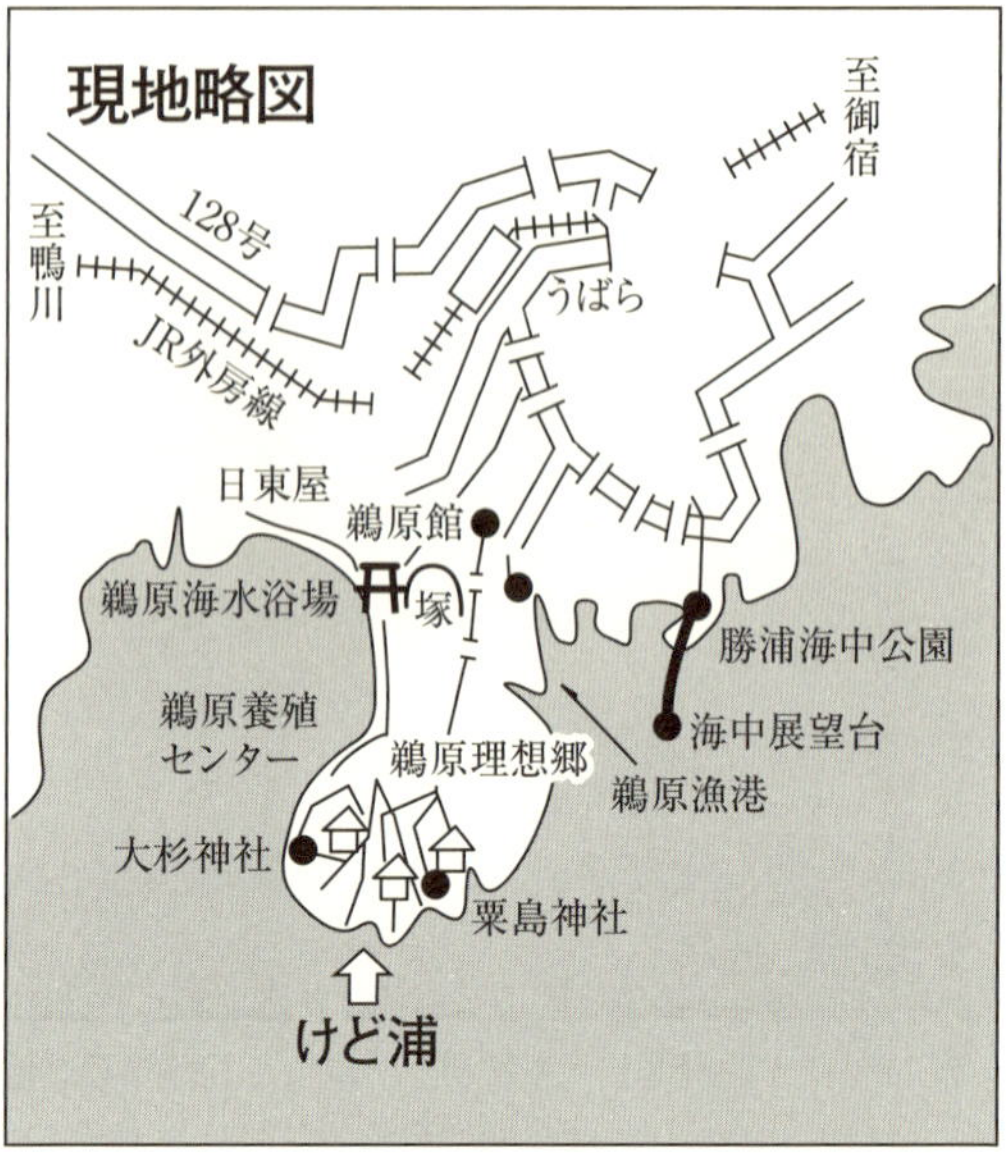

さて、足元の波打ち際の岩が凸凹しているなあと思いながら、潮の引いた岩の上をポンポンと渡っていると、この凸凹が規則的・人工的雰囲気を感じさせます。岩が温泉場の風呂桶や豆腐屋の水槽のように四角く枠どられているのです。これは紀州から来た漁民が「生簀《いけす》」として使用していたのだそうで、崖の下や波打ち際にたくさん造られています。この中に鰯、その他の魚が入れられて泳ぐ様を想像すると豊かな気分になります。夏の海遊びにここを訪れることをぜひおすすめします。規模は小さいけれどなにしろ眺めはよし、岩場は変化に富み、水はきれいで最高です。

波うちぎわからほんの数メートル上がると、そこには石で枠を組まれた井戸が草に埋もれています。太陽に暖められて暖かい石に手をついて中を覗くと、現在も後の山から絞ら

足もとに生簀を抱えた断崖

紀州漁民が使用したという岩穴

れてくる水がポチャポチャと音を立てて注いでいます。
　近くには粟島神社があります。「あわしま神社」は全国にあり、漁民の信仰が篤い神社です。ここも紀州から来た「加多幸善」という人が紀州の神社から分社したもので、小さなカニが、社殿の脇でハサミを振り上げて遊んでいます。
　では、紀州漁民は、いつ頃からやってきたのでしょう。古文書の中で網主たちは、「旅網」として江戸時代初期の寛永期から操業しており、たずさわる漁師は五〇〇〇人余であると述べています。
　享保一二年（一七二七）には、関東に四艘張網が紀州網五〇余、和泉一六、三河三、上総三〇余あり、安房にはありま

草に埋もれた井戸の石組み

せん。

　彼らは四〇間（七三メートル）×五〇間（九一メートル）くらいの網を四艘の船で操り、五〇人ほどで一つの団体を構成していました。

　そして浦を借り、その浦の使用料あるいは宿金を地元に支払っていましたが、沖合での操業に対しては、支払義務は何もありません。現在で言う漁獲量に対する納税義務は、紀州藩に対して負っていたのです。

　取れた鰯を、最初は紀州まで運びましたし、人々も一年のうち漁をする季節だけやって来ましたが、だんだん帰国しなくなり関東に定住してゆきました。享保時代には、漁獲物も浦賀や江戸の干鰯《ほしか》問屋へ売り渡したり、地元の鰯買船に売り渡したり、関東で処分しています。

では、鵜原の「けど浦」にはいつから、どうして紀州漁民が来たのでしょう。

けど浦は鵜原村の杢左衛門と文兵衛が先祖代々所有していました。しかし、荒れて修復が必要となり、享保一八年（一七三三）に紀州加田村の治五兵衛が出資して大工事をしました。そのため五ヶ年間は無料、六年目から一年に金二二両二分の使用料を支払い、慶戸《けど》浜場、左右の山場、小慶戸外のおどり場脇大入までの浜場を、鰯や網を干したりする場所として彼が網漁を続ける間は何年でも使用してよいことになったのです。

また湊のうちで地引網漁をする時は、漁売高の五分の一を鵜原村の所有者に支払いました。

鵜原の人たちは、浦の使用料・浜辺の使用料の他に、

①紀州の網から釣船用の餌を買える。

②鰯買船を作り鰯を買い取って干鰯を作り売却して利益を得る。

③鰯の煮汁を畑の肥料に利用出来る。

などの恩恵を受けました。

紀州から来た多くの人々は、ここに住み着いていても、鵜原村人としては扱われません。

紀州から来た人々が鵜原に創建したという真光寺に登録して、宗門人別帳（住民登録のよ

うな制度）を真光寺によって証明され、死ぬとこの寺に埋葬されました。真光寺に行って探してみると、現在も紀州出身漁民の墓石とわかるものが残っています。戒名のほかに、「元文四年（一七三九）紀州下津浦　俗名与兵衛」、「明和二年（一七六五）紀州加多」などと刻まれています。鵜原で死亡した彼らは、遠く紀州の空を思い、紀州漁民としての誇りを抱いて眠っているようです。

天津の企業戦士たち

徳川家康が関東に入国するとまもなく、紀州（和歌山県）を主とした関西の村々からたくさんの漁民がやってきました。「はちだ網」とか「まかせ網」など関東になかった新しい漁法での鰯《いわし》網漁が盛んになりました。

天津《あまつ》の善覚寺（鴨川市天津）に残された三通の古文書から天津の様子を見ましょう。まず第一は西宮《にしのみや》から来た六右衛門が文政八年（一八二五）に書いた先祖伝書からです。江戸本船町《ほんふねちょう》に安房館山からの魚荷物を扱って大変繁盛している米屋太郎兵衛という人がいました。六右衛門さんの先祖がこの人に相談したところ、房州船形《ふなかた》（館山市船形）での

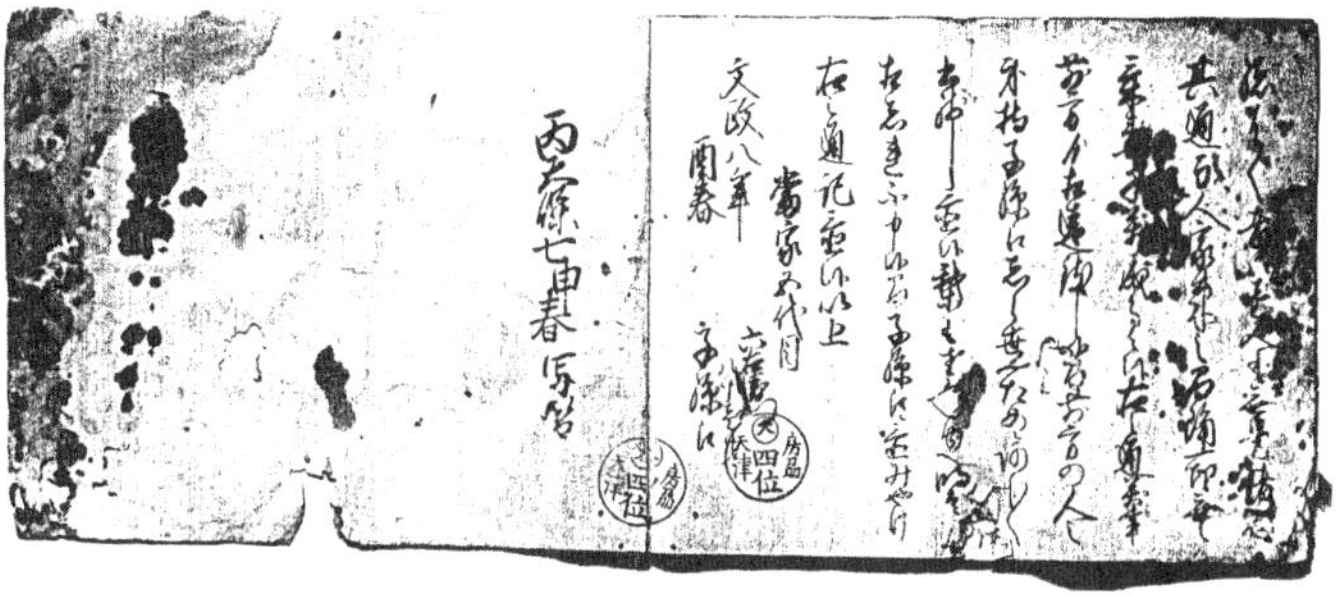

六右衛門の記録

営業を紹介され、元和四年（一六一八）から寛永一三年（一六三六）まで船形で営業していました。

干した鰯は干鰯《ほしか》と言い、当時田畑の肥料として全国的にもてはやされた商品です。六右衛門さんの商売は大繁盛して資金繰りがよく、やがて数艘の小漁船を手に入れ、彼等を引き連れて天津にやって来たところ、安房より格段の差で大豊漁でした。

しかし、六右衛門は取れた鰯を生のまま押し送り船で加工業者に輸送していたので、輸送用の船が不足して困り果ててしまいました。そこで天津で鰯を干し、製品にして出荷したいと考えました。正保元年（一六四四）に領主に荒れ地の利用を出願し干鰯一俵につき一〇文ずつ差し出すという条件で許可されました。狙いどおり大漁が続き、「えびや」などは一年に二万五〇〇〇俵も作って御奉行さまから表彰状やご褒美を頂いたくらいです。

家康入国以前のこの村は百姓家が二〇〇軒に満たなかっ

たのに、どうしてどうして元文年中（一七三六〜四一）には一〇〇〇軒にもなったし、船の運上金（税金）だって一〇〇〇両も払いました。よそ者ばかりではなく、元々の村も繁盛して村役人も忙しくなったので、この頃村は三組に分けられました。なにしろ、船六艘一組で八〇人〜九〇人乗り組む「まかせ網」漁は一七統もあったし、三艘一組で四〇人乗り組み、二五〇俵も捕れる「大八手網」が三二統もあったんですから。

「干鰯を扱う商人は三〇軒以上あり、豊漁の年は一軒で一万五〇〇〇俵〜二万六〇〇〇俵も干し揚げていました。金廻りのよい家は江戸に出店したり、浦賀に問屋を営んだり大繁盛です」と六右衛門は書いています。

漁民は、当初鰯漁期が終わる夏〜秋は一旦紀州に帰国していましたが、元禄一五年（一七〇二）の記録ではもう帰国しなくなっています。次の文書は、享保一九年（二八〇年ほど前）、もう帰国しなくなっていると思われる紀州漁民の「網方宗門人別證文」です。よそ者の彼等の台帳は、天津村の人たちとは別帳で作成されています。網主の名前だけが代表者として挙げられ、個人の氏名・年齢などまったく記載されていません。船に乗り組んで働いているので村人との接点が少なく、個人として把握する必要がなかったからでしょうか。この帳面の記載を具体的に挙げてみます。

紀州有田郡須原村　理右衛門網三九人

紀州有田郡江原村　角兵衛網三九人
紀州有田郡江原村　太郎兵衛網三九人
紀州有田郡湯浅村　市郎右衛門網三五人
紀州海士郡塩津浦　平左衛門網四二人
紀州海士郡塩津浦　九郎兵衛網四六人
紀州海士郡塩津浦　兵右衛門網四六人
紀州海士郡塩津浦　久吉網四八人
紀州海士郡塩津浦　与七郎網三〇人
紀州海士郡塩津浦　久三郎網二〇人

次は、紀州の栖原《すはら》村から天津に来た商人の宗門改帳（年代不詳）です。こちらは前の漁業従事者とは、記録方法が大きく違います。一人一人の名、年齢、出身地、奉公人はその状況などが細かく記載されていることです。その点、彼らを村の中に受け入れたという感じがします。一家を構えている商人は二八軒、最低年齢三〇歳・最高五九歳・平均四〇歳です。総人数は五四名、全体の平均年齢は三二歳です。女性の名は三人ありますが、天津村現地採用の身の回りの世話をする人で、他には女性は一人も見当たりません。紀州藩にとっては、他国に出た人々が、富を紀州にもたらしてこそ意味があります。当人たちがどんなによい暮らしになっても紀州藩に対する納税者でなくなってしまったのでは困ります。そこで妻などの女性を伴って他国に出て行くことは禁止していたそうです。

古文書からは、働き盛りの年頃、天津に滞在して大活躍で商売をしている姿は見えますが、「家庭」を営んでいたという雰囲気はありません。まさに現代の単身赴任の企業戦士のようです。

先に述べた網方宗門人別帳が作られた年より一〇年ほど早い、正徳三年（一七一三）、天津の家数（外来者は入っていない可能性が高い）は七六五軒、人数三〇〇八人です。職業は、医師五、家大工五、船関係の大工五、鍛冶屋八、染物屋六、桶屋七など、とても賑やかな村であった様子が見てとれます。こんな繁盛ぶりも、この企業戦士たちのおかげでしょう。

天津で働き、遠い郷里に大きな富をもたらした働き盛りの男たちが、時代と共にやがて帰国しない人が増え、歯が抜けたようになってしまった国元の村々や、残された妻たちはどうなっていったのでしょうね。私の胸には、ブラジルから日本への出稼人がしだいに帰国しなくなり、行方不明になる人が増加しているという数日前の新聞記事が浮かびます。

千葉の海と製塩

明和六年（一七六九）、行徳（現市川市本行徳）は塩浜に対する年貢（税金）の減額を訴えましたが、却下されました。そこで古くからの由緒を説明したところ、「八代将軍吉宗の熱い思いが込められているので年貢を減額する」と勝訴になったという記録が残っています。今回はその古文書に沿って、行徳の製塩業の経緯を見ましょう。

製塩業の元祖は、五井村（現市原市五井）でした。五井で家業にしていたのを、折にふれ見学し、本行徳村、欠真間《かけまま》村、湊村の三ヶ村の者が覚えて、行徳領の遠浅の砂浜で、少しずつ製塩するようになりました。その頃は職業にするほどではなく自家使用程度でしたが、段々製法を覚える者が増え、他村へ出荷するようになりました。

徳川家康が東金へ鷹狩りに行く時行徳領を通り、製塩している光景を見てとても喜び、「塩は戦の時第一番に大切な品であるから、我が領地一番の宝である」と、塩焼百姓を近くへ呼んで、精を出して作るようにと言葉をかけお金まで与えました。

次の将軍秀忠も同様に、「百姓共が精を出して働いているのは感心である」と金三〇〇〇両を与え、出来た塩は年々幕府へ上納されました。

三代将軍家光の頃には、関西から船で塩が輸送されるようになりましたが、「行徳は江戸城の中と言ってもよい近所なので、もし戦いになって塩が送られて来なくなった時重要になる」と製塩に励むように、行徳に近い船橋のお茶屋御殿の庭に人々を呼んで声をかけ、この時も二〇〇〇両与えました。このように手当金や夫食《ふじき》（食糧）等が支給され、百姓は家屋等も相応に建築して暮らしてきました。

塩作りは、六月・七月の暑い頃が稼ぎ時で、八月・九月・一〇月頃は稲作に多忙で暇がなく、一一月・一二月・正月・二月・三月頃はやっと営業する程度、四月・五月は、例年雨が続き手をこまねいているありさまです（旧暦ですので一ヶ月ほどずれています）。

作業は一日雨が降ると休みで、三～四日晴天が続かないとできません。なぜかと言うと、海水を汲んで砂に何度もかけて日光で乾燥させ、塩分が沢山ついた砂を作るからです。その砂を籠に入れて下に桶を置き、上から水をたらして濃い塩水を作り、これを竈《かまど》に入れ、煮詰めるのです。

燃料は、松葉が安いのですが、塩の色が黒くなり塩が安値になってしまいます。かや木を燃やすと、塩の出来はよいのですが、燃料費がかさみます。

いつの頃からか行徳塩にも年貢がかかるようになりましたが、江戸城の宝ですから、製塩する人が一人でも多くなるようにと、雨天が続いたり、風波等で製塩量が減少したら、塩浜年貢を減額して保護しました。上天気で多量の塩が出来て値段が下がると、幕府が高値で買い上げて蔵に詰めて置き、市価が上がると蔵から出して販売し、買い上げてもらった金額を返納しました。

享保六年（一七二一）に大水で塩浜が荒地になった時、吉宗公は「今は船で上方から輸送されて来るが、万一海が荒れて航海できなかった時には、行徳領の塩で人々が助かるのだから、即刻修復工事をするように」と命令し、費用を一〇〇〇両余も出費してくれたので、荒浜がまた製塩できるようになりました。

吉宗の意向によって、どんなに製造量が多かった年も、塩浜年貢は増税しません。少しか製塩できない年は、年貢を安くします。年貢を安くすることは幕府の損失のように思えますが、年貢を安くすると荒浜を手入れして増産しようと努力するので、ひいては幕府の得になります。減税しないと、塩浜は荒地のまま打ち捨てられ、だんだん荒浜が多くなります。

以上のような理由で、「行徳領の塩浜は、年貢を全くかけなくてもよいくらいだが、それでは百姓に奢《おご》る心が生じて為にならない。後々よい結果になるように巧く取りはからうように」との結論で年貢の減額はみとめられたのです。

行徳ばかりでなく、現千葉市中央区村田町の人が、宝暦一二年（一七六二）に大網で開

浜野本行寺門前の題目塔
（台座に奉納者の名が刻まれている）

かれていた市場へ塩を馬に積んで出荷した記録もありますし、天保末年に出版された『房総三州漫録』は、五反保《ごたっぽ》あたりを記述して、「この辺水すべてよろし、しかし塩気あり。近頃塩浜を開く」と書いていて、幕末に、千葉市中央区蘇我町や稲荷町あたりに新しい塩田が造成されたことがわかります。そうそう、千葉市中央区の塩田《しおだ》町という地名もまさしく塩田だった町という意味でしょう。

浜野の本行寺の門前には、南無妙法蓮華経と彫った二・五メートルぐらいの題目塔がありますが、これは寛政三年（一七九一）江戸塩町の三河屋平兵衛が奉納しています。当時こんな大きな石造物を寄付できるなんて、三河屋さんはきっと塩町に住み、浜野あたりと手広く取引をしていた人でしょう。

この近辺の製塩元祖・五井の塩田の面積は、二八町三反三畝二八歩（約二八ヘクタール）あり、塩年貢を現物で三六一石一升四合納めているという記録が残されています。犢橋《こてはし》村（現千葉市花見川区犢橋町）では、天保一四年（一八四三）、農家が農閑期にするアルバイトとして、男は薪や松葉を検見川に出荷し、女は塩を入れる俵を編んで行徳で売り払うと書いています。製塩を行わない村も、関連産業で経済活動の一端を担っていたのですね。

心の自由

政治権力を握った人にとって、宗教は大変邪魔になるものらしく、中国やソビエトで、共産主義を推進する時に教会を壊したり僧侶を迫害した例などがあります。

徳川時代、時の幕府権力に対して徹底的に反抗した宗教がありました。キリスト教や日蓮宗の不受布施《ふじゅふせ》派・什門《じゅうもんは》派などです。これらの宗派は、自分たちと同じ信仰の人のためにしか祈らないし、布施《ほどこし》も受けないという主義だったので、幕府が政策の成功や将軍の親族の冥福を祈るなどの祈願会を計画し、僧侶に集まれと命令を出しても、耳を貸しません。

我こそは日本の№1であり、自分の命令は絶対であると自負する権力者にとってこんな厄介な存在はありません。そこでこれらの宗派は「邪宗《じゃしゅう》」であると決めつけられ宗教活動は禁止されました。幕府は、命令を受け入れる宗派の寺だけを承認し、人々はすべて承認された寺に登録することを義務づけ、村単位で全員を登録した帳簿を提出するように命令したのです。この帳簿を宗門帳《しゅうもんちょう》とか宗門人別帳《にんべつ》と言います。だんだん年齢や収入（持高）、馬の数なども記載されるようになり、現代で言えば戸籍簿や住民台帳のような役割を果たしてゆきます。

話は脱線しますが、チャンバラ映画などで、関所手形を持っていない人が、山の中を通って捕えられたり、関所を強行突破しようとして切り殺されたりするシーンがありますが、あの「関所手形」は本人が登録されているお寺か、寺が証明した宗門帳を根拠にして現代の町長にあたる人が発行したのです。

「この人間は、○○村の○兵衛といって○○宗の○○寺に登録しています。身元は確かで、キリシタンやその他の怪しい宗教の信者ではありません。四国の金比羅《こんぴら》参りに行きますので、関所を通してやってください」などと書いてあります。中には、万一旅の途中で死亡したらその土地の習慣にしたがってとりはからって下さい、もしこちらの地方に来るついでの人があったら、一言知らせてもらえるとありがたい、などと書いてあるものもあります。

人々は嫁に行く時も、養子縁組をするにも、出稼ぎに行く時も、こうした証明書をもらって住んでいる所の帳簿から削除し、行った先の宗門帳に追加しなければならないので、幕府が承認した寺に登録せずに生活していくことはできなくなりました。

もしこの台帳から除かれてしまうと「はずれもの」になって、ヤクザ映画に出てくるように「無宿人《むしゅくにん》」となってしまいます。

幕府に承認されない「邪宗」の宗派の僧侶が布教活動をする時や農民が信仰する時は、死罪になることを覚悟しなければなりません。捕まった時には本人だけでなく、親兄弟や子供、また数軒ずつを一組とした五人組というお互いを監視しあう組織があり、この仲間は赤の他人なのに連帯責任をとらされます。ですから他の人に迷惑をかけないため、自分からこの宗門帳から除いてもらって、世の中に存在しない人間として宗教活動を続けた僧侶もいました。

日経という僧侶は、慶長一四年（一六〇九）に耳や鼻を刃物で削ぎ取られる刑に処せられましたし、日浄《にちじょう》（恕鑑《じょかん》とも言いました）は寛永一二年（一六三五）野田十文字原（現在の千葉市緑区誉田《ほんだ》町）にあった本覚寺を焼き払われ、農民の女性一人を含む四名の信者と共に首を斬られました。

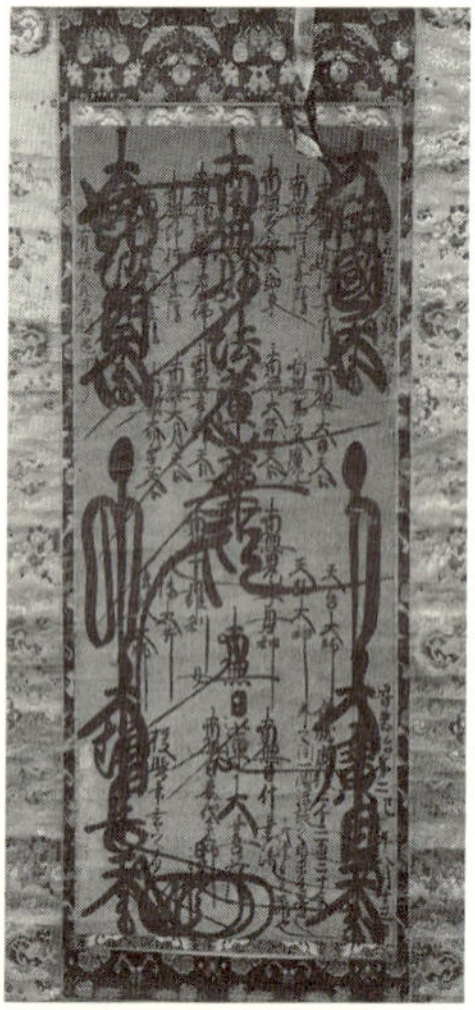

万治３年、伊豆大島に流された
日逞の中本尊（万治２年筆）
（石井家蔵）

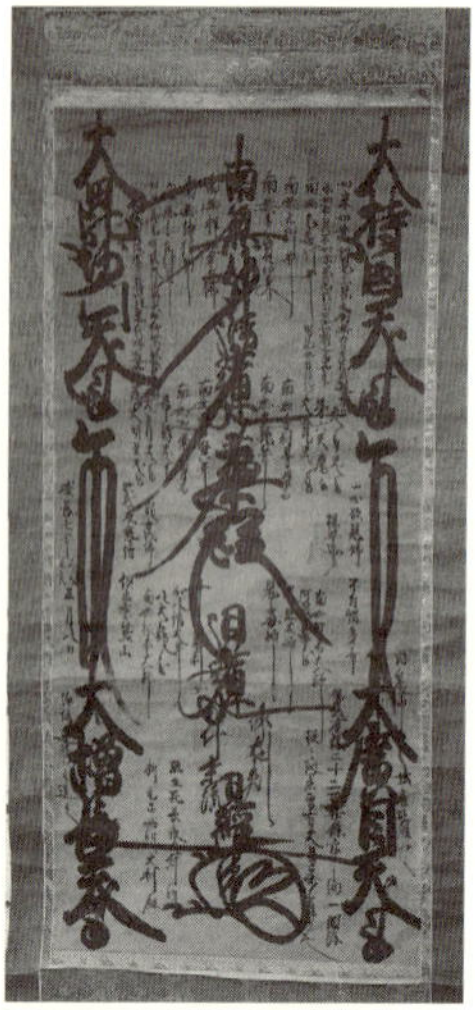

慶長 13 年、耳鼻を削ぐ刑を受
けた日経の大本尊（慶長７年筆）
（石井家蔵）

禁じられた宗教であるとわかる部分を切り取り竹筒に入れ屋
根裏にかくされていた。（石井家蔵）

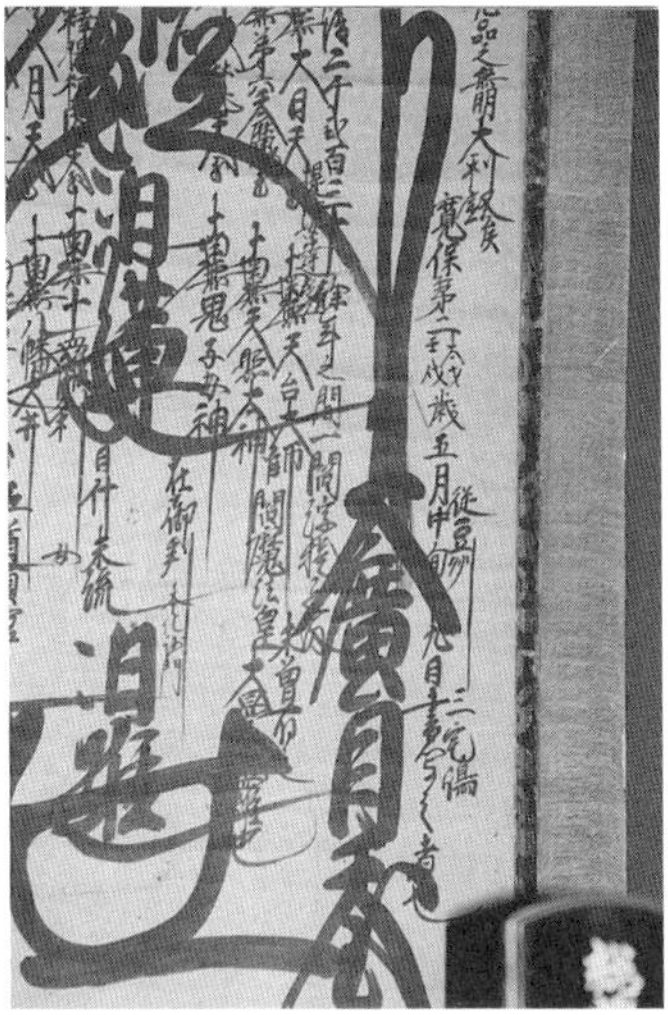

元文３年捕えられ、同４年三宅島へ送られた日進の大本尊、常真寺蔵（寛保２年筆）

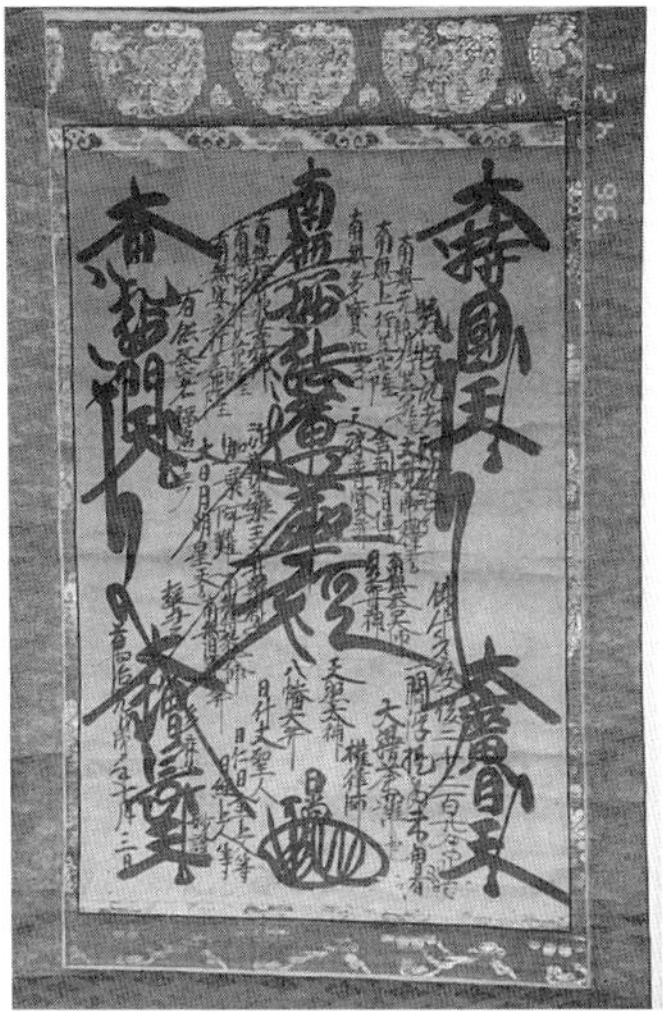

万治３年、三宅島へ送られた日尚の中本尊（万治元年筆）

万治三年（一六六〇）には浜野の本行寺にいた日逞《にってい》が伊豆大島へ送られ、元文三年（一七三八）には日進が三宅島へ、農民の信者蔦《つた》右《え》衛門《もん》と久三郎は牢屋の中で、万右衛門は出牢後まもなく死亡、上総国の八三一人の信徒が江戸に呼びつけられて、他の宗派に信仰を変えましたという改宗証文を書かされるという大騒動がありました。

　浜野から九十九里方面へ大網街道を行くと、誉田町一丁目の道路の左側に「五日堂処刑殉難之霊跡」と書いた看板が見られます。これは、日浄らが処刑された寛永一二年九月五日の「五日」を祈念するお堂なのです。

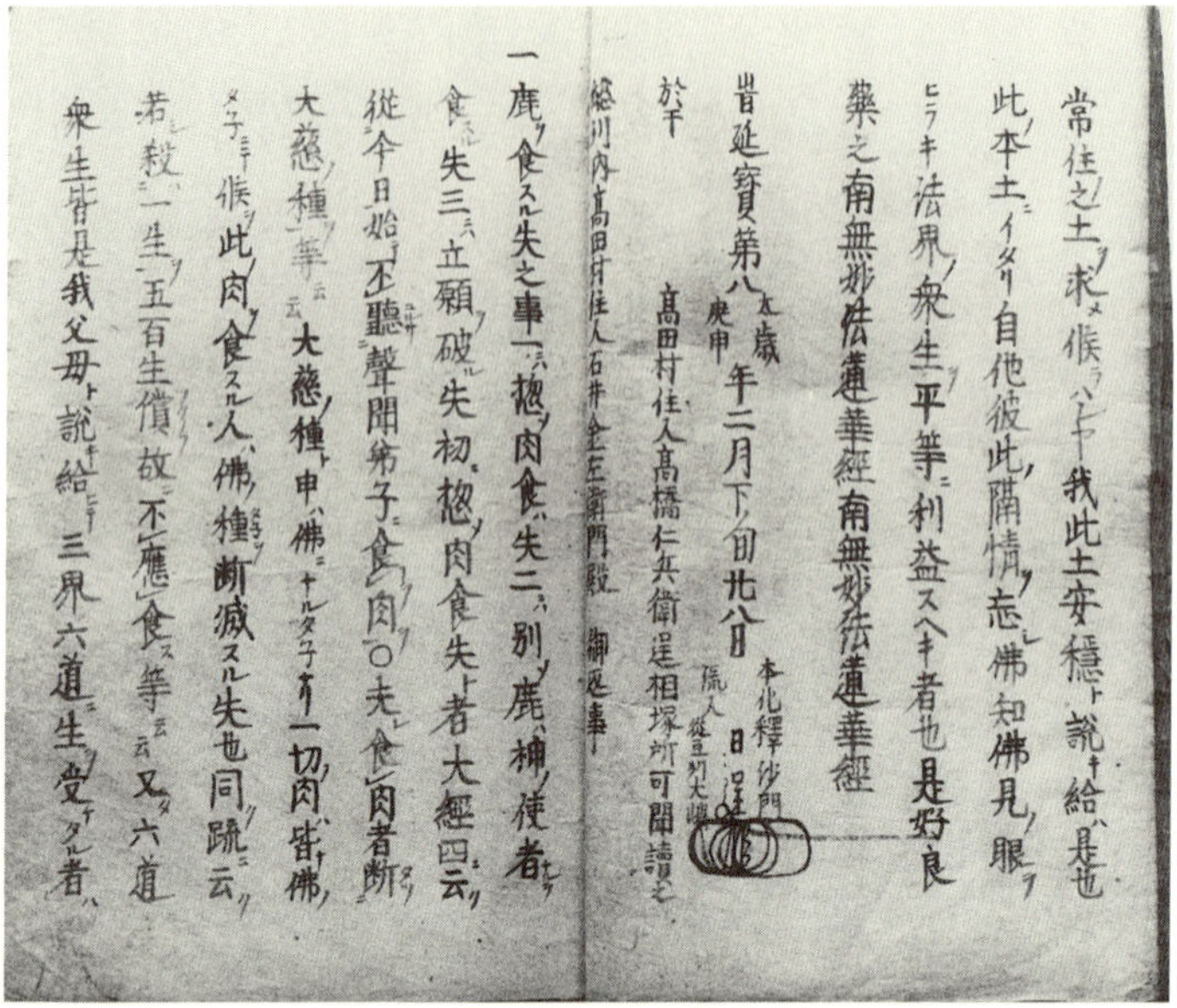
常住之土ヲ求メ候ラハヤ我此土安穏ト説キ給ハ是也
此本土ニイタリ自他彼此ノ隔情ヲ忘レ佛知佛見ノ眼ヲ
ヒラキ法界ノ衆生ヲ平等ニ利益スヘキ者也是好良
藥之南無妙法蓮華經南無妙法蓮華經
旹延寶第八太歳庚申年二月下旬九日　本化釋沙門　流人　從豆州大嶋　日遅
於干　高田村住人高橋仁兵衛是相塚所可聞讀之
総川内高田村住人石井金左衛門殿　御返事
一鹿ヲ食スル失之事一ニハ惣ノ肉食ハ失二ニハ別ノ鹿ハ神ノ使者ナレハ
食スル失三ニハ立願ヲ破ル失初ニ惣ノ肉食ノ失ト者大經四云ク
從今日始不聽聲聞弟子ニ食肉ヲ○夫レ食肉者断
大慈種等云云　大慈種ト申ハ佛ニナルタネナリ一切肉ハ皆佛
メ子ニテ候ヲ此ノ肉ヲ食スル人ハ佛ノ種ヲ断滅スル失也同蹟云
若殺シ一生ヲ五百生償故ニ不應食等云云又タ六道
衆生皆是我父母ト説キ給ヘリ三界六道ニ生ヲ受タル者ハ

日遅が伊豆大島から村人の悩みに回答した手紙を、農民は書き写して伝えている（石井家蔵）

僧侶たちは、身体に迫害を受けても心は自由であるとばかりに、耳や鼻のない異様な姿でも精力的に布教活動を行い、離れ島からも手紙をやりとりし、農民の信仰を励まし続けました。誉田〜高田〜大網白里町あたりにかけて、僧侶から贈られた手紙や曼陀羅《まんだら》・本尊とよばれる掛け軸などが残されています。

信者たちは、外見上は幕府の認めた寺に登録して戸籍の証明を受けましたが、心の自由は守り通しました。信者が死亡すると、登録した寺の僧侶が葬儀を執行しますが、僧侶が到着する前に信者だけが集まりあの世へ旅立つ葬式を済ませてしまい、その後で形式的な葬儀を行ったということです。

信仰活動は「納戸題目《なんどだいもく》」とか「内證題目《ないしょう》」などと称して、隠れ部屋などで密かにお経を唱え続けました。集まりの時は、幕府の役人が捕まえに来たら、四方八方に逃げ散り二、三日山の中で暮らせるように、非常食を持って集まったそうです。

高田町には、幕府の役人がやって来た時に千部のお経を投げ込んで隠し、追及の目をまぬがれたという井戸が、現在もあります。同町の万花台《まんがだい》という集落では、昭和六〇年頃まで納戸題目が続けられていましたが、現在は高橋さん宅ただ一軒だけで守っています。他人に見られたら悪い事が起こるという言い伝えを守ってでしょう、何度かお願いしましたが、一年に一度だけ取り出されるご本尊も、題目の様子も拝見することはかないませんでした。

死を覚悟しなければ信仰が続けられない三〇〇年ほどの間、かたく結ばれて続いた信仰が、何を信じても自由である時代にもろく崩れ去るとは……信仰って何なのでしょうか？

自分に対し「如何に生きるか」を問う信仰が、金が儲かるとか病気が治るとかの「お願い解決信仰」に変化した時が危機ではないかと思いますが、あなたはどう考えますか？

平群天神と地獄絵

地獄とは遠い所にあるものと思っていましたが、この頃は電車の中が通勤地獄になったり、仏様に救いを求めた人々が、サリン地獄の獄吏になってしまったり、恐ろしいことですね。

死後の世界に地獄があるのかないのかわかりませんが、昔の人は地獄の存在を確信することによって、現在の自分の生き方を正しました。

房総半島のへそのあたり平久里《へぐり》（南房総市富山町）、千葉県下で唯一「岳」と名の付く伊予ヶ岳のふもとに平群《へぐり》天神社があります。伊予ヶ岳を朝夕に拝んだ山岳崇拝がこの神社の始まりではないかと思われるたたずまいです。

天神社は、菅原道真を祭神としています。彼は罪を着せられて都から遠く離れた九州に追いやられました。彼の死後、都では雷がしきりに落ち被害が出たため、人々は彼の魂が怒り狂っているのだと思い、その魂をなだめるために神社が作られました。道真は大変頭の良い学者であったために、今でも受験生は争って天神様におまいりして合格祈願をするのです。

平群神社には三巻の絵巻物が伝えられていて、長いのは一六メートルもあります。上・中の巻は鎌倉時代の末の頃の作品と考えられ、天神様、つまり菅原道真の一代記などが、当時のプロの腕前を示す美しい透明感のある色彩と技法で描かれています。下の巻はとても興味深い朴訥《ぼくとつ》な温かい絵で、紙はこの地元で作られていた平久里紙を使用して、天神様の御利益のありがたさを語っています。

下の巻が書かれたのは文安三年（一四四六）で、甲州の有源という僧侶がやって来て、地元の歩石という田舎絵師に書かせました。「上手い」とか「上品」とかいう絵ではなく、描かれた僧侶に鼻毛が生えていたり、チョットとぼけた味があり、絵の具の色も前の二巻に比べて濁っています。

お坊さんを陥れたために罰が当たって、人前で裸になり踊り狂ってしまう女性の話がありますが、今の世の中では罰が当たった人がずいぶんたくさんいることになり、この話の効果はあまり期待できませんね。

中の巻には地獄の様相が語られています。写真をよーく見てください。生きている時に悪いことをした人は、死ぬとこんな世界に追い込まれるんですよ。真っ赤に燃える炎の上に張られた綱を渡らせられ、後戻りすると緑色の怪物にヤリで突っつかれます。アーッ！前の人はもう耐えきれず、炎の中に落ちました。女性がさかさまに縛られ、今まさに

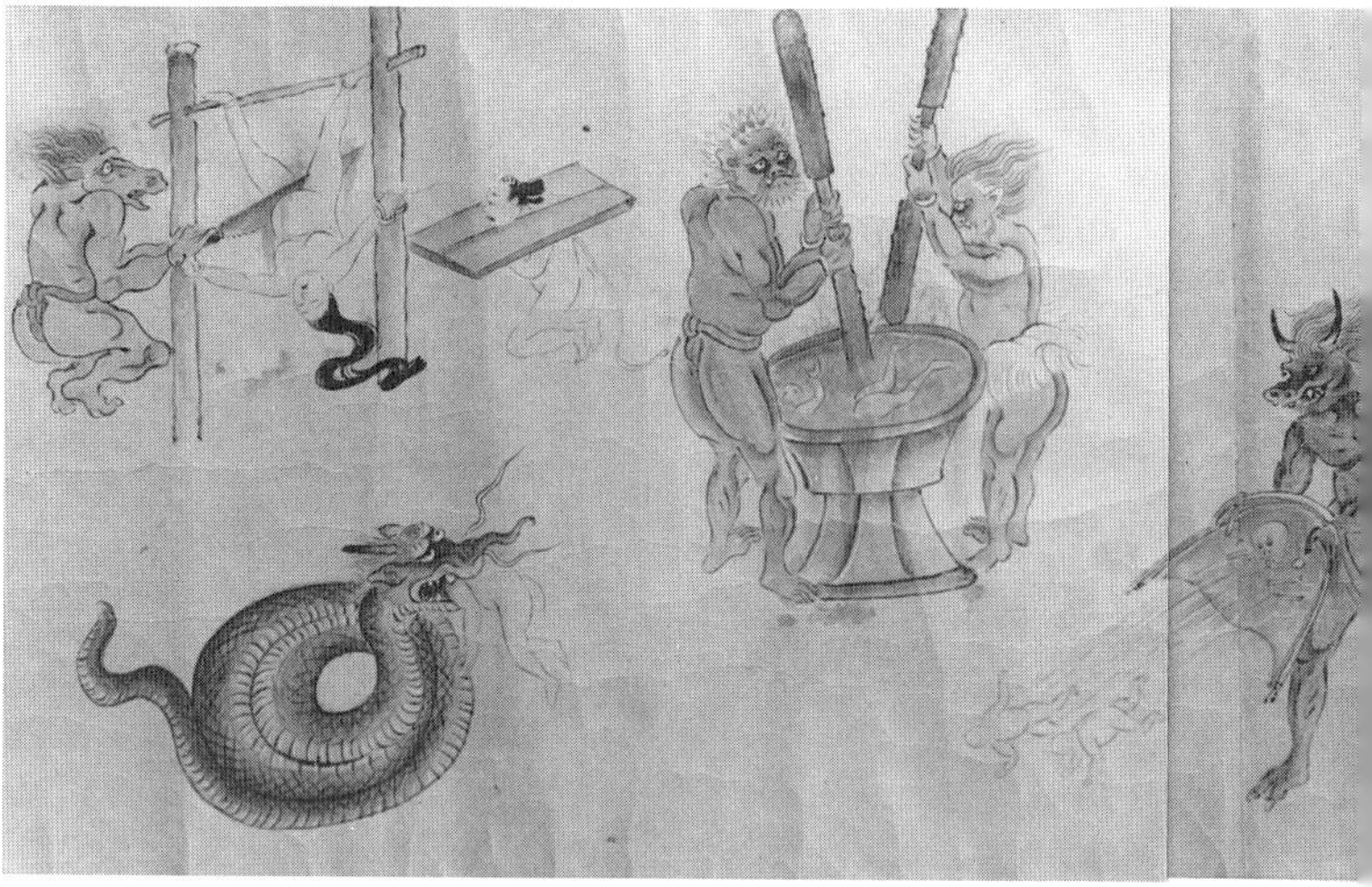

中の巻　地獄絵
人間を臼に入れてついたり、
逆さ吊りにしてのこぎりで
挽いたりしている。

中の巻　地獄絵

真っ二つにのこぎりで挽《ひ》かれそうです。

新興宗教などは、「もうすぐ恐ろしい世の中になるから、早く入信して助かりましょう」と勧誘すると聞きますが、今も昔も、恐怖をかき立てて物語る方法が、人の行動を律する一番有効な手段なのでしょうか？

一年の計は……

寒気を破って「ブーン……」と矢が唸りを放ち、「ビシッ」という音と共に直径二メートルくらいの的に突き刺さる。ここは千葉市若葉区高根町の杉木立の中にある神社の境内で、正月の一五日、掃き清められた神社の境内は張り詰めた緊張感と寒さが身に凍み透るようです。

みなさんは「オビシャ」という言葉を聞いたことがありますか？　その土地によって「御毘沙」「御奉射」「御歩射」などの文字をあて、神社で行う行事です。

前もって弓矢と大きな的を手作りし、烏や雀になぞらえた「作りもの」をぶらさげておきます。当日は神主から氏子一同御祓《おはら》いを受けて身を清めたのち、神主を先頭に次々と矢

高根町大宮神社での御奉射

を射るのです。矢が当たったといっては喜び、はずれたといっては喝采し、だんだん雰囲気が柔らかくなってきます。

この行事の目的は、農作物が豊かに実り、カラスや雀などの鳥の害を受けずに収穫を迎えられるようにと祈るものです。的にぶら下げた作り物のカラスや雀をもらって帰ると、その家の田畑は鳥獣の害を受けずに豊作になると言われ、昔は奪いあうようにもらったそうです。現在は目玉のついた風船や、キラキラ光るテープに負けてしまったのでしょうか、それほどの人気はないようです。私がお土産に一個もらって帰ったら、今年は柿の実が鳥に食べられずにたわわに実っています。効果があったのでしょうか？

「おとう」の受け渡し

朱塗りの祝膳と「おとう」

また、近くの佐和町の熊野神社の御奉射では、的に当たった矢の位置によって、今年植えつける作物の品種を占っており、「今年は里芋が良いらしいなー」などと声がかかります。年間の長期気象予報などなかった時代の、植付け作物決定方法としてほほえましくもあり、昔の農業の悩みも感じました。一昨年の長雨や、昨年の日照りに適応した作物を選ぶことができたかな？　と焚き火の輪に入れてくれたおじさんたちの顔を思い浮かべながら考えています。この神社では、「弓をもらった家は一年間幸福一杯」と言いながらプレゼントしてくれましたが、団地住まいのわが家ではどこに置くかでうれしい悩みが増えました。

さて弓矢の神事が終わると、盃を交わす宴席になります。最近はこの飲食だけしか伝承されていない所も多いようですが、高根町の場合とっても頑固な（ごめんなさい）神主さんに守られて、古いしきたりに則して忠実に行われています。

当番の家は、この御奉射の日に「おとう」と呼ばれる日本刀くらいの長さの竹に御幣がついたものを前年の当番の家から預かり、自宅の神棚に上げて一年間お守りし、また翌年の御奉射の日に次の当番の家に渡すのです。

朱塗りのお碗に大根と人参で作った大輪の花が咲き、大根と人参の酢の物も乗ったお膳を中に新旧当番の家が座り「おとう」の受け渡しが行われます。その他の家も「かいふかし」と呼ぶあさり貝が山盛りに入った吸い物が乗ったお膳付きで座敷の周囲にずらりと居並び、盃を勧めます。

「お肴《さかな》がないので盃がすすまないそうです。上肴《じょうこう》をお願いします」などという台詞《せりふ》が度々あって、そのたびに「謡」がうたわれ、なかなか典雅なものです。普段練習しているわけでもないので、カンニングペーパーを覗きながらの姿が楽しく「上肴」とも行きません。巧くいかないと神主さんが「だから謡の練習会をやったのに皆んな来ねえから……」と言ったりするのが、厳粛な中でとてもユーモラスです。

受け渡しの儀式がしっかりと済むと、受け取った家はさっそく自宅に「おとう」を持ち帰るのですが、自宅の神棚に納めるまでは絶対に口をきいてはいけないそうで、私が見た平成六年の当番は若々しくキリッとしたハンサムな方でしたが、いっそうキリッと口を結んで神社の鳥居をくぐって行きました。

この行事の行われるあいだ室内は女人禁制で、お料理を出すのも酒を注いで廻るのも男性で、女性は敷居の所まで運ぶだけです。カメラを持った私は特別の許可で入れて頂き、有難かったけれど、この集落にずっと暮らして来た女性に申しわけなく思いました。江戸時代の女性の置かれた地位の低さを表わしているようでもありますが、二月には女性主役の子安講が行われるので、バランスは取れているのかもしれません。子安講の内容は、受け渡しする〝おとう〟が小ぶりなだけでほぼ同様でした。

こうして、一年の初めに豊作祈願、農耕計画の決定、家内の平穏、村人の結束などを祈りながら儀式は厳かに行われますが、特に集落の結束を強める性格を強く感じます。昔は領主に年貢（税）を納める責任や、労働の負担をする責任は村単位でしたから、村中の意思の統一は欠かすことのできないものでした。その一端がこの御奉射に現われているのでしょう。ちなみに、高根町では昔は宮ビシャ、寺ビシャ、麦ビシャなどと呼ばれる同様な行事がもっとたくさん行われていたそうです。

以上述べた神社のほかに大木戸町の八幡神社、越智《おち》町の天満神社、仁戸名《にとな》町の八坂神社などでも、それぞれ日時・内容は違いますが、このような行事が行われています。

鮭と神様

神主さんがおごそかに祝詞《のりと》をあげると、白装束の氏子が、大きな鮭に白川流の包丁捌《さば》きで今まさに包丁を入れます（というと凄そうですが、別名「無手勝流八方破れの流儀」で決め事は何もなし。どうやら「白河夜船＝何も知らない」から名付けられているようです。

奉納する鮭を捧げ持つ氏子

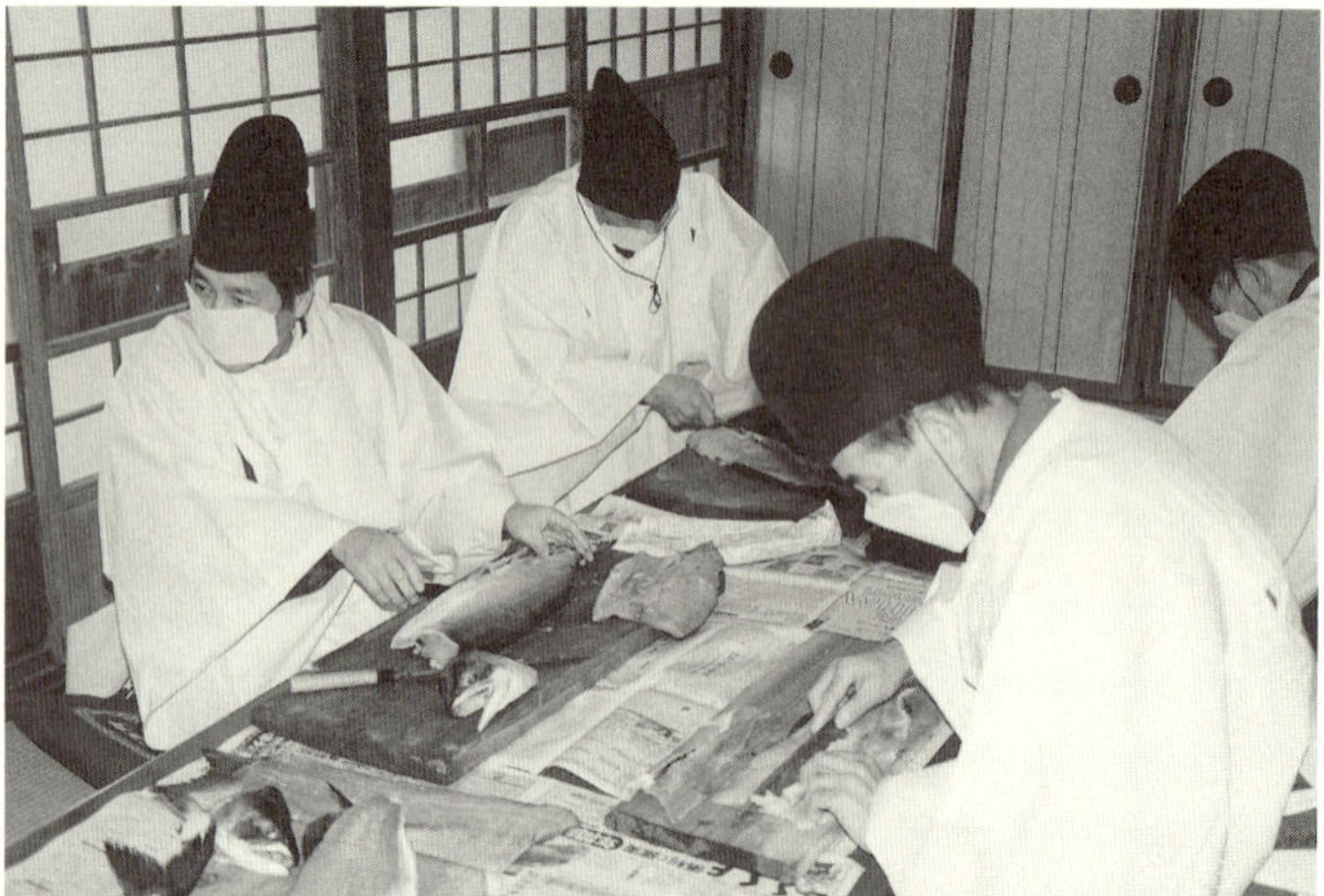

白川流包丁捌き

その年当番の旦那衆がブキッチョな手つきで三枚におろします)。

ここは香取市山倉に鎮座する山倉大神という神社です。神社本庁から派遣された祝賀の使者を迎え、一二月六、七、八日(昔は霜月の初卯の日)、鮭を神前に奉納する祭りが何百年も以前から行われて来ました。

鮭の捕れる所というと、私たちは瞬間的に北海道・樺太・カナダなど、遠い北国を思い浮かべますね。でも昔から現在に到るまで、千葉県の川にも鮭が遡上《そじょう》しています。古いところでは、日本地図を作った人物として有名な佐原の伊能忠敬家に残された古文書に、江戸時代より以前、利根川で捕れた鮭を支配者に献上していたと記録されています。

また、安政四年(一八五七)に出版された『利根川図志』という本は、とてもガッチリとした立派な顔立ちの鮭の絵を載せ、次のように述べています。「利根川で捕れる魚の主なものは、江戸湾に流れる方は鯉が多く、銚子に近い方は鮭が多い。鮭漁は毎年七月下旬から一〇月下旬までで(旧暦ですから現在とは約一ヶ月くらいずれています)、銚子口から鬼怒川にまで遡って産卵を行う。下流域の小見川、佐原あたりで捕れた鮭は川の水に塩分が含まれているので肉の色が薄く味が劣り、安食《あじき》から小文間《おもんま》あたりで捕れた鮭は肉の色が鮮やかに紅く味が最もよく上等品である。このあたりは、布川《ふかわ》に漁業権があるので布川鮭と呼ばれている。もっと上流地域になると、魚が疲れて肉がまずくなってしまう。

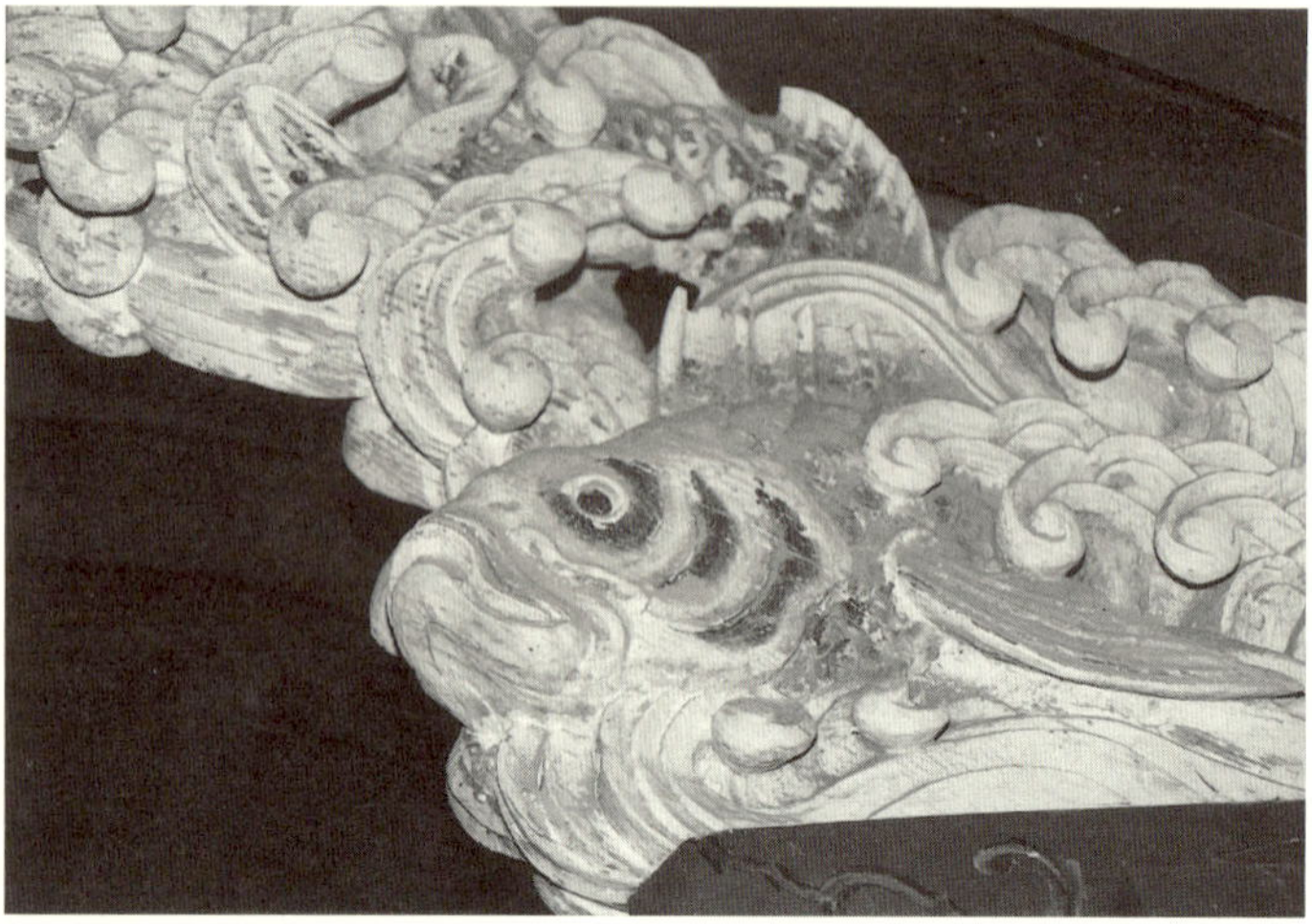

山倉大神の鮭の彫刻

捕獲する方法は、舟を使い一二人くらいで長さ一三〇～一四〇メートルの網を引く大網や待網、バカッピキなどの網漁と、ヤスという道具で突いて捕る方法がある」。

鮭が捕れたのは利根川だけではありません。国道一二六号線を銚子に向かって走ると、山武郡横芝光町に栗山川という川があります。栗源《くりもと》と山田という地域が源流なので栗山川という名だそうですが、この川にも鮭がのぼって来ます。

冒頭に述べた神社は、この栗山川の上流部に位置し、昔は山倉大六天と呼ばれました。宮負定雄《みやおいさだお》が書いた『下総名勝図絵』によると、「秋になると、鮭は翼もないのに天空を飛んで来たのではないかと思うほど、海から遠い山里に自分でのぼって来る。畑の畔や山田のあぜなど、鮭がいるべき所とはとても思えない場所に、尾や鰭をふりたてて泳いでいる鮭を里人が捕まえ、山倉の神様の鮭だと祝い供えるのが昔からの習慣である。祭りの日には鮭を奉納した人を上座に座らせてもてなし、祭りに集まった人々にも分け与えるのが習わしである。鮭は病を避けるので神代の昔から『さけ』と名付けられたのだろう。『禍事《まがごと》をさける魚こそ愛《め》でたけれ奇《く》しき魚ぞと神や愛《め》づらん』」と書き記しています。

現在も、この神社の護符《ごふ》（信者に分けて下さる「お守り」）は生塩鮭と黒焼の鮭です。鮭に神霊が込められていて、身につけていると災いを避けて厄除《やくよ》けになり、服用することによって風邪薬としても効能があり有名……だそうです。

この効能書は、単に「サケ」を「避け」にこじつけた言葉のあやだけではないようで、先にも述べた『利根川図志』に、宮負定雄が旅で訪れた九州地方で、囲炉《いろ》裏の上に鮭を吊るして蓄えておくとどんなに古くなって干からびても火傷の傷によく効くといって貴重品のようにしている、と記録していますから、実際に薬としての実効が高かったのでしょう。

一二月七日の祭礼の時に包丁で捌いて奉納する鮭は、現在でも神社近くの栗源町岩部地区であがり、氏子の人々が投網やモリで突いて捕獲し、毎年一〇月になれば神社に運ばれて来るそうです。

しかし、祭礼には一〇匹くらいの鮭を使いますので、もし奉納される鮭の数が不足すると困るため、銚子市新生町《あらおい》の和田さんという網元に一定数を納めてくれるようにあらかじめ頼んでおくそうです。

銚子の漁業関係の人々とは昔からご縁が深く、境内の石灯籠や手洗水《ちょうず》石などに銚子その他の漁業関係者の名が多数刻まれています。境内にある延享三年（一七四六）の石の祠《ほこら》には、竜神宮と刻まれていますので、特に危険が多いという銚子湊あたりで働く船乗りや網元たちは、ひたすら海の平穏や航海の安全を「竜神」に願って祈りをささげたのでしょう。天保九年（一八三八）に造られた石灯籠には、あの『天保水滸伝』で名高いヤクザの親分・飯岡助五郎の名前も見られます。

神社の建物に施される彫刻は、魚であれば普通は鯉が刻まれていることが多いのですが、さすがにこの神社は鮭で、玉垣の上部や拝殿の柱の上部の飾りに鮭の彫刻が躍っています。

また、栗山川では鮭の稚魚の放流が行われていて、川岸を歩くと「鮭の来る川をきれいに保ちましょう」という呼びかけの立札を所どころに見かけます。私は、この川から捕獲された鮭だけで鮭祭りが十分行えるようになって欲しいと願っています。

『下総名勝図絵』の表現のように、田の畦のそばや山畑の脇の溝などに、バシャバシャと飛沫《しぶき》を飛ばして鮭の尾びれが輝く日が来たら、どんなに素敵でしょうね。

仏様の出前と銅製の鏡

銅で造られた鏡に自分の姿を写して見たことがありますか？

これまで私が見た銅製の鏡は、いつも博物館のガラスのケースの中で、「何とか獣、何とか葡萄唐草文様」などと長ったらしい名前が付いていて、錆《さび》だらけの凸凹した背面だけを私の方に向けていました。

ですから、私は子供の頃から水に写った自分の顔程度の映像を頭に置いて、「昔の人はぼんやりとしか写らない鏡しかなくて、自分が美しいと思い込んでいれば、現実の顔なんかわからなくて幸せだったわね」と信じて疑いませんでした。

ところで、香取郡多古町のバス停留所「高野前」で降りると、妙光寺（多古町多古）というお寺があります。この寺に、銅製の化粧鏡が奉納されています。全体の大きさは高さ八七センチ、幅四四センチ、台座にも鏡の周囲にも蓮華の花びらや唐草模様が彫られて黄金色に彩色されています。うしろには「天下泰平国土安穏　取次川下桜女　浅草本蔵寺ニおゐて開帳の砌　施主　御本丸大奥青山氏女性　天保五甲午歳六月仏誕日」とあります。

つまり、江戸城の本丸にいた大奥の女性・青山さんが、六月八日に奉納したものだとい

銅製の化粧鏡

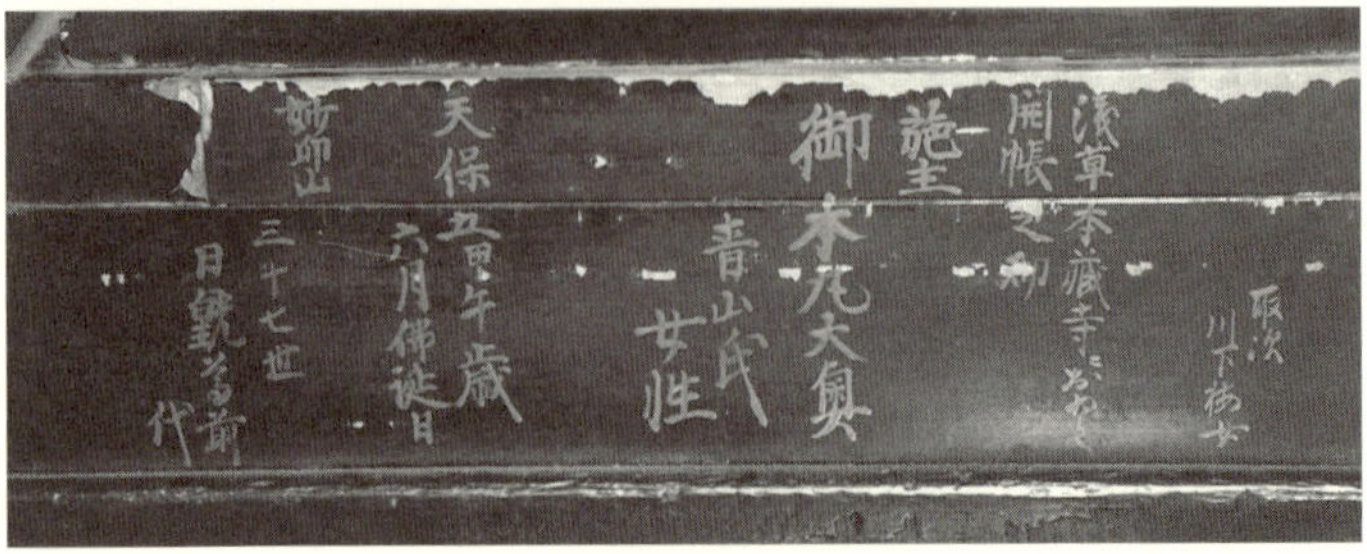

台座背面の銘

うことです。お願いの趣旨は天下泰平、国土安穏だと書かれていますが、大奥の女性の祈りにしてはチョット堅い文字ですね。この青山さんの身分がはっきりしないので何とも言えませんが、世に名高いあのハーレム「大奥」と聞けば、側室やお局さまかと思いたくなります。本心の願いはもっと別のところにあったんじゃないでしょうか……。

天保五年（一八三四）というと、江戸城の主は一一代将軍家斉《いえなり》です。「将軍が、この頃はあまり大奥にお渡りにならないけれど、どうか私の所には来て下さい」とか、「男の子を懐妊させて下さい」などと祈っていたのではないかしら、なんて考えてしまいます。

しかし、大奥の女性の視点は政治になかったと考えるのは偏見かも。時あたかも飢饉で多くの人々が飢え死にした時代ですから、本当に世の中が安らかで安穏に暮らせるようにと祈ったのかもしれません。

願いの主旨はともあれ、気軽に外出などできない大奥の女性が、遠い多古のお寺にどうやって鏡を奉納したのでしょう？

ありがたい仏様は、たいてい薄暗い本堂の奥深く帳《とばり》に囲まれていて庶民がなかなか見ることはできません。しかし、「お開帳」と言って一年に一度とか、三三年に一度とか、長い例では六〇年に一度、扉を開け、帳を上げてお顔を見せてくれる行事が行われます。

その他に「出開帳《でがいちょう》」といって、よその寺へ仏像を移して見せてくれることもありました。

たとえば、江戸のお寺が、遠い地方の有名な仏様を借用証文を書いて借り出し、自分のお寺で人々に拝観させる、という方法です。こうすると、江戸の人々は居ながらにして有難い仏様に詣でて心の願いを聞いてもらうことができます。

この妙光寺の仏様は、徳川時代に数回江戸での出開帳を行い、諸大名や大奥、商人など多くの信者を得ました。天保五年には浅草にあった本蔵寺で、出開帳をしました。青山さんは、この日に、大奥からお暇をもらって外出ができたのでしょうか？　多分一日の外出さえできず、この「取次」と書かれた「川下桜女」さんに託して、深く心に秘めた願いを仏様に寄せたのでしょう。

お寺の奥さんが仏様の後からそーっと抱きかかえて来てくれたその鏡を覗き込んだ私は、もう本当にビックリしました。そこにはクッキリと美しく私が写っていたのです。いーえいえ、もちろん私が美貌に写ったと言うのではありませんよ！　映像が鮮明だったんです。私の家の玄関の鏡よりも、風呂場の鏡よりも、数段上等の透き通るように美しい映像でした。その後約三〇名ほど引率してこの鏡を見に行きましたが、皆感動の声をあげていましたので、あながち私一人の思い込みではないようです。お寺さんの話では、一年に一度本職の鏡とぎ師に依頼して磨いてもらうとのことでした。

このお寺には、紹介した鏡の他に浅草、小石川、霞ヶ関などの商人たちが奉納した額や太鼓、常夜燈、読経机などがあり、江戸に多くの信者がいたことがわかります。

江戸と小糸川と舟と

清澄山系から東京湾へ、約五六キロメートル流れ出る川が小糸川です。江戸時代はこの川を利用してたくさんの物資が江戸へ運ばれていました。鉄道で言えば駅に当たる荷物の積卸し場所を河岸《かし》と呼び、この川沿いには二三ヶ所ほどありました。

輸送された品は、領主の年貢米、売米、木炭、薪、平板、棒、海苔、粗朶《そだ》、臼、いろいろな竹類、樽などで、たとえば、享保六年（一七二一）、加藤屋は四三八七俵の炭を扱い、翌七年には下郷の五ヶ村から薪五〇両分を買い入れているという具合です。

これらの荷物に、寛永六年（一六二九）頃から、十分一運上《うんじょう》と呼ばれる税がかけられるようになりました。江戸初期の頃、人夫が舟を岸からあやつる時に、川のそばの田畑を踏み荒らすので農民と争いになり、運送が滞りました。そこで運上を幕府に納めれば、その権威によって争いが減少すると考えたのです。今の君津市内にあった東猪原《いのはら》、西粟倉《あわぐら》、大岩、旅名《たびな》、奥畑《おくはた》など山間部の村々が順調に材木を出荷でき経済上潤うと考え出願し、許可されました。

運送業者達にとってのメリットは争いの減少の他にも、
①山方の荷物の陸送を禁止し、舟で取り扱う荷の量の増大を図ることができる。
②航路の堤修復や竹や雑木を刈り払う費用を、川に面した村に負担させることができる。
などがあります。

当初の寛永六年から約八〇年間は、幕府の役人が一名大堀村へ出張し、大堀村名主《なぬし》らが補佐役として、現物の一割を徴収（領主の荷物は除く）し江戸へ輸送しました。

次いで正徳二年（一七一二）から七年間は商人・江戸深川の京屋の請負となりました。川を下る荷の量に関係なく、年に薪約一万一〇〇〇束を幕府に支払うという条件で、京屋がすべて取り仕切ったのです。

この方法は利益が上がったのでしょう、京屋の契約期間が切れた享保三年（一七一八）からは、大堀村の名主たちが京屋の請負のうちの一部を、一年に約九八〇〇束支払うとして一〇年間請負い、商人と村方の二本立ての請負いとなります。その後も請負の期間が満了すると、そのつど請負う薪数が増加されました。

十分一運上の請負人として姿をあらわした商人は深川の京屋善蔵（本書「夢と愛に生きた男　秋廣平六」の項参照）ですが、この川を下る商品の売買に携わった商人は、他にも深川東平野町和泉屋、深川吉永町和泉屋、鉄砲洲東源町山路屋、同所和泉屋、同所万屋《よろず》、六間堀五丁目丸屋、深川木場太田屋、飯田町沢田屋などがいました。商品が材木や薪が中心ですから、深川木場界隈《かいわい》の商人です。

彼等の販路拡大への努力の跡が村の古文書に見られます。

享保二年に深川六間堀の要津寺《ようしんじ》がお奉行様に願書を出しましたが、内容は同寺の門前にすでにある荷揚げ場などに追加して、川に面して一間幅の舟着場を増設したい、そして土手の上は門前町屋の者の商品置場として利用したいというものです。深川の寺の文書が小糸川べりの村に残されていることは、小糸川を下った荷物がこの門前町屋の商品として販売されていたことを物語るもので、販売量の拡大のためこの出願がなされたのだと思います。時期もちょうど京屋善蔵の単独請負の七年季が明けようとしている時でした。

運上川となった小糸川には、安全な航行確保のため、川に面した村々に修復義務が生じました。川幅は六間（一一メートル）で蛇行した場所は一五間（二七メートル）と定められました。舟の所有者などが申し入れ次第、洲や浅瀬を掘り下げ、川幅の狭い所を切り広げる、竹や木が茂った所は伐採するなどの処置をします。費用は川に面した各村の負担です。

工事負担の他に、水流が激しく当たり田畑が浸食される場所に防ぎの杭を打った貞元村《さだもと》

河岸の跡に建っている河岸で働いていた人々の墓石（村人の墓地とは別）

山田屋に残る大蛇のような舟綱

と中野村（どちらも君津市内にあった村）が、船の邪魔になるので抜くように要求されたり、水車を掛けて米搗《つ》きをすることも禁止されるなど、航路を利用する側と村人の生活との間には、相反する利害関係が存在したのです。

舟運は明治期まで盛んで、君津市鎌滝の鎌田家、松崎家などの文書にその姿を見ることができます。鎌田家は屋号を山田屋と言い、舟に使われた太い舟綱が現存しますし、松崎家には、四畳半の部屋が一杯になるほどの帳簿類があり、昭和二年までの「荷物河岸請取帳」「川船載雇人諸帳」などが残されています。

川に沿って歩いてみると、「こんな川にあの高瀬舟が通ったのかしら」と不思議に思うほど川は狭く、水量も少なく感じます。上流部にダムができたことも水量が少ない一因ですが、昔も水量不足だったそうです。そこで堰《せき》を設け水量の確保を行なっていました。現君津市東日笠地区の大野歯科医院の裏手のあたりで水を堰止め、水を湛《たた》えておきます。舟に荷物が満載されると、水門を開けて、流れ出る水と共に舟は一気に流れ下ります。通過する舟は一回流してもらうたびに三朱の通過料金を支払いました。この方法は、養老川や湊川などでもとられています。

さて、最後にクイズです。江戸湾へ下った舟はどうやって上流部へもどされたのでしょう？　現代の観光舟下りでは、トラックの荷台に載せられて出発地点へもどっていますが、江戸時代はそうは行きませんよ。

答えは舟に綱を付け、川岸を歩いて人力で「ヨイショ」「ヨイショ」と引っ張って上がったのです。そのために綱道と呼ばれる道ができ、綱道近くにあるたけのこやさつま芋を踏みつけたり掘り荒らしたりして、農民との間に争いをおこしたそうです。

波と龍

初詣でには遠出しますか？

私は毎年自宅の近くの神社に詣でています。私たちが神社に行くと、頭上や柱の模様に龍の姿を時々見かけますね。

江戸時代の中頃、関西の彫刻師の間で「関東では波を彫るな！」という言葉がささやかれました。なぜでしょう。その理由は、波と龍を彫らせたら彼の右に出る者はいないとして、「波の伊八」と異名を捧げられた安房出身の「武志伊八郎信由」という人が存在したので、自分の作品が見劣りするからです。

茂原から市原の方に向かう国道四〇九号線沿いの長生郡長南《ちょうなん》町千田《せんた》に、浄土宗の名刹称念寺があります。本堂に入ると、目の前の欄間《らんま》から逆巻く波と共に黄金の玉をガッキとつかんだ「八方睨《にら》みの龍」がどっと迫って来て、私たちは一様に「アッ」とか「ワーッ」とか感嘆の声を挙げてしまいます。私は何度も訪れて、その迫力を知っているのに、そこに身を置くとやはり「ウーン！」と唸ってしまいます。

この彫刻は、初代「波の伊八」の作品です。あの、波と富士山の浮世絵で有名な葛飾北斎は、この伊八の波の彫刻の影響を受けていると言われているほどで、ザーッと音が聞こえそうな波です。

作品は幅七メートル以上もあり、逆巻く波の中から、中央に昇り龍、左右に下り龍が鱗をそれぞれ、青・白・紅に色どられて躍動しています。長い年月の風化で色褪せていますが、それがまた何とも言えない上品さと、風格になってます。

なぜ、このような田舎（失礼！）のお寺で、日本一と言われる彫刻師に依頼することができたのでしょう。

称念寺の歴史は大変古いものです。私たちがお寺に行くと、本堂の正面に金属製の、どら焼の親分のような物から綱が下がっていて、綱を引いてコーンと音を立ててから祈りますね。あのどら焼の親分は鰐口《わにぐち》と呼ばれます。この寺の鰐口は元亀二年（一五七一）に造られ、「奉寄進上総長南千田称念寺」と刻まれています。

本堂中央の龍

本堂右方の龍

波の部分

山門、本堂その他の建造物も享保一六年（一七三一）に建築され、今も壁の絵や内部の彩色も風格を保ち、本堂には天皇家から賜った勅額もある格式のある寺です。

現在、このあたりは穏やかな土地柄ですが、古くは四方に道のひらけた交通の要で、江戸初期から市が立ったそうです。その後、宿場として旅籠《はたご》、運送業者、馬の鞍修理屋などがあった記録が残っています。

代々の住職は、欄間に彫刻を入れたいと思っていましたが、なかなか叶えられませんでした。ある年、伊八が岩川村（長南町岩川）の白井忠蔵家に滞在している事を知り、彫刻を依頼し、文化一一年（一八一四）六月に彫りはじめました。

しかし、龍の背面には、それから九年も後の文政六年（一八二三）の年号と、浄財が集まり、二つの願い事が叶えられたと記しています。多くの善男善女がこの龍を見るために集まって賑わい、お寺の財政も豊かになったことでしょう。

境内には、私の背丈の二倍ほどもある石灯籠が一対あります。明和四年（一七六七）に、大坂の阿弥陀池という所まで本尊を運び開帳が行われた記念に大坂商人たちが奉納したものです。柏屋、堺屋、丹波屋、伊勢屋、桑名屋、鍵屋、大津屋、富田屋の船頭たちなど、多数の屋号や名前が刻まれています。

また、お百度参りをするための石も、同じ年に、「龍宮から出現した歯吹如来《はふきにょらい》に」と刻んで、江戸大伝馬町の綿問屋八木屋伝兵衛が奉納しています。

どうしてこんなに遠方の江戸や大坂に信者が多くいたのでしょうか。それは本尊の仏様がこの寺に納められた時の経緯によります。

本尊は太東岬に漂着し、お告げによってこの地に安置されたと伝えられ、龍宮から現われて、足元にははまぐりの貝殻が付着しているとされています。また、唇を開いて、白い歯を見せた和やかなお顔をしていることから、「歯吹如来」とも呼ばれました。龍宮から出現した仏様ですから、先の山倉大神の龍宮神にもみられたように海難避けの御利益があらたかです。

昔は陸路ではほんの少量しか輸送能力がありませんから、大坂商人たちは船を仕立てて

仏様を乗せて出かけた駕籠

大消費地・江戸へ商品を送りました。たとえば、灘《なだ》の酒・菜種油・木綿・塩などです。もし、嵐で船が沈んだり荷物が塩水に濡れたりすれば、荷主は莫大な損害を被ります。船頭たちは命を失うかもしれません。ひたすら龍宮から出現した歯吹如来に、龍神の怒りを鎮め航海が安全であるように祈ったのです。

大坂では、この明和の他に文化一四年〜文政六年（一八一七〜一八二三）にかけても出開帳を行い、その後江戸や、文政六年以降は房総の各地へも出かけたそうです。「本尊はあの駕籠にのって出開帳に行ったんですよ」とご住職が指さした薄暗い本堂の片隅に目を凝らすと、色褪せているけれど赤い御簾《みす》が下がった黒塗りの駕籠がありました。この駕籠に乗った仏様が人の肩に担がれて、「エッチラ、オッチラ」と、はるばる江戸や大坂まで移動した様子を想像したら、気の遠くなるような思いがしました。信じる心ってすごいですね。

小林一茶と富津の朝顔

『金谷村史《かなや》』によると、俳人小林一茶は、金谷（現富津市《ふっつ》）に一四回も来遊したということです。

その一例を挙げてみると、享和三年（一八〇三）六月三日、舟で木更津に入り、富津に三日間滞在し、金谷、元名《もとな》などに俳諧行脚《はいかいあんぎゃ》して六月一三日江戸に帰っていますし、同年の一一月には陸路から再び富津の大乗寺に入ったのち、一一月二九日～一二月八日まで金谷に逗留しています。

翌文化元年（一八〇四）七月、海路から木更津に入り富津の大乗寺に二三泊。寺に伝わる地獄画を見て「秋の風我が参るはどの地獄」と詠んでいます。

文化二年七月～八月にも来葉、同三年五月二日夕方船に乗り、三日木更津に上がり「六

日晴富津入　七日晴　花嬌《かきょう》来　目出度《めでた》さは上総の蚊にも喰れけり」と記し、五月一三日金谷を訪れました。富津や金谷には、大乗寺住職徳阿《とくあ》聖人、織本花嬌とその弟・僧砂明、金谷村を開いたと言われる旧家鈴木四郎右衛門・号野竹などの俳人がいました。

このうち、花嬌は女性です。江戸時代、女性が表舞台にあらわれることは少ないのですが、花嬌さんはその数少ないうちの一人です。

富津市西川の名主の家に生まれ、名前を園《その》さんと言い、隣村のやはり名主の織本家七代目嘉右衛門に嫁ぎました。嫁入り先の家業は酒造業、金貸業も兼ねた豪商でしたので生活は豊かでした。夫婦ともに雪中庵蓼太《りょうた》という俳人の門人として俳諧をたしなんでいました。しかし、天明七年（一七八七）に師事していた蓼太を失い、蓼太亡き後は、小林一茶と親しく交際していたそうです。

それから七年後の寛政六年（一七九四）夫にも先立たれ、娘婿に家督を譲り隠居生活に入りました。この隠居所は結構な造りで「対潮庵」と呼ばれ句会などが催されたのです。

一茶は、享和二年「お金の同封された書状が、富津おりもと（花嬌）から一二月一二日届いた」とか、文化元年に「書状一通が一〇月廿五日花嬌より届いた」と記録しています。文化六年三月、松戸→木更津→富津→金谷→元名（鋸南町）→百首《ひゃくしゅ》（竹岡）→浦賀→江戸と旅した時は、三月五日と六日の二日にわたって、織本家の「対潮庵」に遊び、句会を楽しんでいます。花嬌が夫亡きあとも俳句の道にいそしんでいたようすがうかがえます。

花嬌の作品、「名月や乳房くわえて指さして」という句からは、華やかな女性のイメージではなく、生活にしっかりと足を据えた、房総女の豊かでゆったりした感性を私は感じますが、皆さんはいかがですか？　他には句日記『すみれの袖』（もう一人の富津の女流俳人貞印尼と連れ立って成田山に参詣した日記）があり、行動的な人柄も感じます。

しかし、花嬌は翌年の文化七年四月三日に亡くなり、富津の大乗寺に葬られました。現在墓は千葉県指定史跡となっています。

彼女の百か日の供養のために、一茶はこの年七月一一日の夜舟に乗り、一二日木更津着、一三日八ツ時（午後二時頃）大夕立の中、大乗寺で行われた花嬌百日忌に出席しました。その席で、「あさがおの花もきのうのきのう哉」と、花嬌さんを朝顔の花に託して詠んでいます。

文化九年三月、一茶五〇歳の時には、花嬌の三回忌に赴く舟の中で「亡き母や海見る度に見る度に」と詠んだといいます。自身が三歳の幼い日に母を亡くした悲しさと、数少ない女弟子花嬌との浅い縁に思いをめぐらせたのだろうかと、『小林一茶と房総の俳人達』の著者は書いています。四日には花嬌追善会《ついぜんえ》が大乗寺で行われ、一茶は「目覚しのぼたん芍薬でありしよな」と追福《ついふく》の句を詠んでいます。あの一茶にして、「ぼたん」とか「芍薬」

華蔵院に伝えられた一茶筆の２幅の掛軸

とか、ありふれた表現すぎる気が私にはします。そんな言葉しか浮かばない程、花嬌さんの死が惜しまれたのかもしれませんね。その後四月一〇日に織本家を訪れ、一二日から五月三日にかけて『花嬌家集』『追善集』を編集しています。

私の目の前にくるくるくると二幅の掛軸が繰りのべられていきます。のびやかな品格のある筆跡で、「はつ雪や　今行く里の見えてふる」とあり、もう一幅には松の木が三本。句を書いた方の掛軸には、「おなじみ」松の絵の方には「一茶坊」と書き分けて署名があります。所は金谷駅のすぐ近く、華蔵院《けぞういん》というお寺さんの本堂です。ご多忙中でしたのに、時間を割いて下さり、一茶の真筆をありがたく拝見することができました。

松の木の絵が目に入った瞬間、俳画など風雅の道に造詣のない私は、「あら、うちの孫が書いた絵のようだわ！」なんて思ってしまいましたが、四一歳にして、小児のような新鮮な目で物を見、詠むことができた一茶の非凡さのあらわれなのでしょうね、きっと。華蔵院の砂明上人は花嬌の実の弟だったので、ひとしお親しみを持っていたのでしょう。掛軸の中に「おなじみ」「一茶坊」とある署名もさてこそと頷かれます。

砂明上人の句には「我庵は茶にも酒にもさくらかな」「春風や桜まぶれの野雪隠《のせっちん》（トイレ）」などがあり、のどかでおおらかな人柄を私は感じます。

さて一茶は文化一四年にも織本家に五泊し、「露の世は得心ながら　さりながら」と、朝顔のようだった花嬌さんへの心残りをまたしみじみとかみしめています。
（俳句に使われた変体仮名や旧仮名遣いは、現代風に直しています。）

慈母と夜叉

今出産したばかりで、やつれ、乱れた髪に手拭いで鉢巻きをした母親が、藁《わら》で作った寝具から起きあがっています。その手元を見ると自分が生み落とした赤ン坊の首を握り締めています。母親の背後からは、妖気が立ちのぼってぼうっと霞み、その中で母親はいつのまにか角《つの》がはえた夜叉《やしゃ》になっています。

これは、手賀沼のほとり柏市柳戸《やなど》の弘誓院《ぐぜいん》に奉納されている弘化四年（一八四七）に奉納された絵馬（絵を書いた額）の光景です。

私が子供の頃、「お前は七番目に生まれたから、お産婆さんがチョイと首をひねる手つきをしながら、ひねりますか、どうしますか？　って聞いたんだよ」、「あの時〝お願いします〟と言えば、今頃あんたは生きていなかったんだから」とからかわれたことがあります。ワッハッハ……で終わってしまった冗談でしたが、昔は現実にあったことです。

「子孫繁昌手引草」と題された絵馬（弘誓院）

江戸時代も末期になると富は一部の人に集まり、その日の食事にも困るような貧しい家が多くなりました。貧乏人の子沢山といいますが、あまり子供が多くては一家共倒れになってしまうので、生まれたばかりの子供を自らの手で殺し、これを「間引く」と言ったのです。真偽のほどは知りませんが、濡らした障子紙を顔にはり付けて窒息死させたとか、臼の下に入れて押し潰したという話を聞いたことがあります。

年配の方は、長らくごぶさたしていると「あの人はウンダともツブレタとも言って来ないねえ」とごく普通に使います。これは「産んだ、潰れた」の文字が当たるのではないでしょうか。

この原稿を書きながら、二歳の孫のおとぎ

話「さるかに合戦」を眺めていた私はハッとしました。第一の仇討ちの方法、栗が囲炉裏で跳ねるのは日常あったことです。私も子供の頃、栗は渋皮に傷をつけてから火に入れるように注意されました。それでも傷の付けかたが少ないと、スポン！　という音と一緒に火の粉が飛んで来ました。第二の蜂も、山遊びの最中に刺され、特に目の周りは腫れがひどく、タコ入道のような顔で学校に登校した友達のことなど思い出します。第三の臼はどうでしょう？　臼はみずから動く物ではなし、仇討ちに適当な設定とは思えません。それがなぜ猿を押し潰すのでしょう。昔の生活の中に臼が生命を押し潰すという状況があった証明ではないかと思えたのです。

まあ私の空想はさておいて、「間引きをすることはいけないことだよ！」と教え諭《さと》すために作られたのが冒頭に描写した絵馬です。他に利根川べりの布川《ふかわ》（茨城県利根町布川）にある徳満寺の地蔵堂にもあり、こちらは母親の状況は同じですが、赤ン坊は血糊を吐き、子供を守る仏であるお地蔵様が泣いている光景です。思わず背中がゾゾーッとします。間引きをした経験のある人が見たらきっとつらく悲しくなったことでしょう。

こうした間引きは道徳的問題の他に、人口の減少——支配者に年貢（税）を納める農民の減少という問題を招きました。支配者である佐倉藩では危機感を持ち、対策として天保九年（一八三八）人口増加政策をとりました。「子育陰徳講《こそだていんとくこう》」を設立し、「お上より一〇〇〇両出資し、あと一〇〇〇両を領地の中で加入金を募集し、このお金を年一割の利息で貸し付け、その利息で貧しい者を助ける」というもので、子供をおろしたり殺したりした親からも罰金を収入（石高）に応じて徴収します。名主《なぬし》、組頭《くみがしら》、百姓代《ひゃくしょうだい》という村の役人達にも連帯責任で罰金を課し、基金につぎ込みました。

また、これらの事務を担当する子育教諭掛《きょうゆがかり》を設置して、奉行・代官・手代を任命して村々を巡回させ間引きをしないよう指導させました。東金街道沿いの若葉区大草町に、安政四年（一八五七）奉行一名、手代二名、文久二年（一八六二）子育教諭出役二名が宿泊した古文書が残っています。

一方、川崎十字路から八街方面に向かうと間もなく鹿島川を渡りますが、この新橋のたもと（右側）に、ポツンと一基だけ墓石型の石碑があります（若葉区下泉町）。これは嘉永六年（一八五三）に下泉村の村人によって造られたもので、「南無妙法蓮華経　法界万霊成就不成就安楽産福子祈者也」と刻まれています。この場所は、間引いた子供や、不幸にして死産・流産であった子供を水に流した場所であろうと思われます。今では流れも改修され岸辺もコンクリートになって、川面に明るい空を写していますが以前は、背の高い葭《あし》の茂みの中で涙をぬぐう人の姿が思われるような場所でした。貧しさ故に我が子をもう一度あの世に返さなければならなかった親が、「人間として成就しなかった子供のあの世での幸せ、成就した子供の現世での幸福」を祈った、せつない心を見る気がします。

この近辺の聞取り調査の時、深いしわに気品を感じさせる農家のお婆さんが「そんなことがあったかもしれないけど、誰も自慢して話すことじゃないし……わかりませんねぇ」とおだやかな笑顔で応えた時、質問した自分がとても恥ずかしくつらかった思い出があります。

離婚と慰謝料

江戸時代の離婚は現代と違って、離婚に至る原因なんて問題にはなりません。夫側が「離縁する」と離縁状を書くと離婚が成立してしまい、どんなに女性が別れたくありませんと主張したところでどうなるものでもありません。夫に好きな人が出来たからであっても、妻から文句は言えません。逆に妻が離婚したいと希望しても、夫が「いやだ！」と言って離縁状を書かなければ離婚は成立しません。女性側には離婚の請求権はまったくなかったのです。

離縁状の記載内容の一例は、「離縁状　お前に暇を出します。今後どこへ再婚しようと私共はいっこうに構わないのでここに一筆書き記します。○年○月○日　○○村の××より△△村の□□殿」こんな風に書かれています。

宛名も、女性本人宛ではなく、婚家先の家の一番偉い人（当主）から、実家の当主へ出される、つまり家と家との間でやり取りされるのです。こうした考え方の名残りは現在にも続いていて、結婚式場の入口に「○○家・××家結婚披露宴会場」などと大きく書かれていますね。

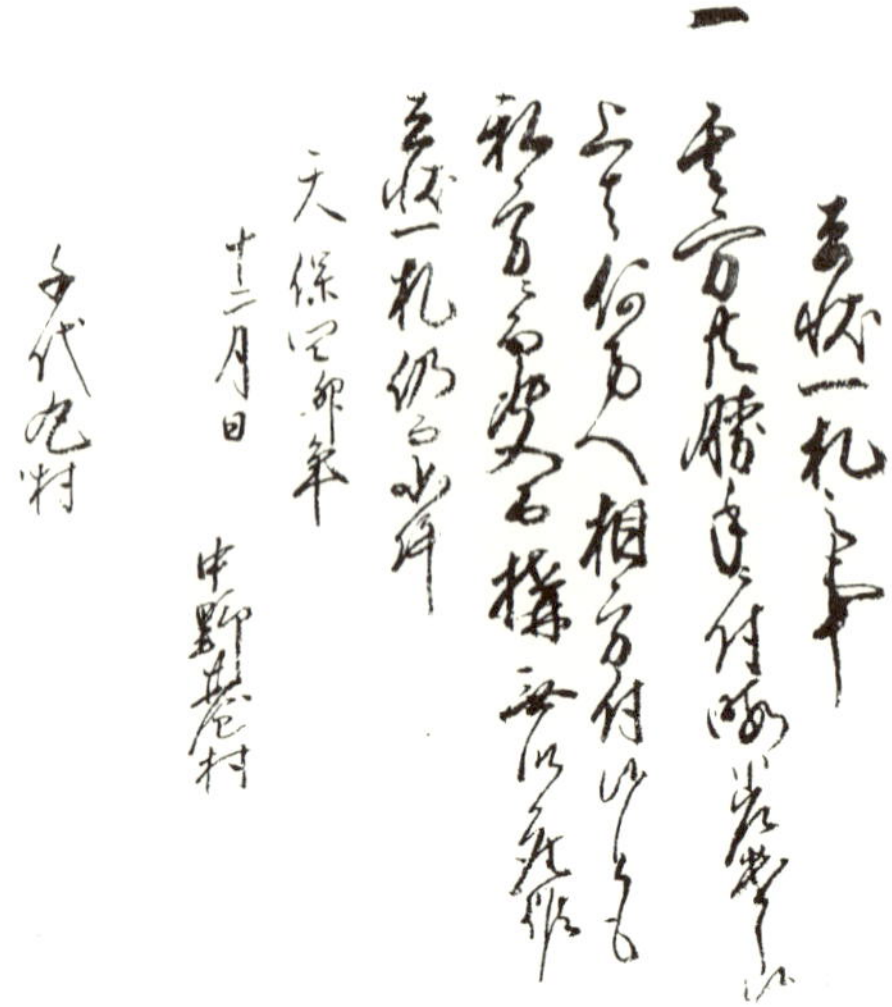

離縁状の一例。この例は去状（さりじょう）と書かれ、村から村へ出されている。

憎たらしい夫が離縁状を書いてくれないからといって、離縁状なしで飛び出して来たら妻はどうなるでしょうか。一生どこへも嫁入りできません。もしこっそり再婚して夫側から訴えられれば、不義密通の罪で縛られて、皆んなの興味津々の目にさらされた上に死罪などの重罪が課されるからです。

ところで、「あんな亭主三《み》下《くだ》り半をつきつけてやる……」などと、離縁状のことを三下り半と呼びますが、この三下り半という言葉は、江戸時代の離縁状の書式が三行と半分で書くことになっていたので、こう呼ばれました。離縁状の中に普通は書かない種々の事情などを書き込んだために、途中で三行と半分に納まらなくなって、クチャクチャと文字を詰めて苦労している離縁状を見るとおかしくなりますよ。（本書の初版を読んだ人から、「こんな例もあります」と十二行余りも書いた離縁状のコピーを送っていただき、余りの長さに驚きました。いつの世にも決まり事からはみ出す人がいるものですネ）。

さて、女性には権利などというものはなく、虐《しいた》げられ、下を向いて泣き泣き暮らしたと一般的には言われるこんな時代背景の中で、驚くほど堅実な結婚をした女性がいました。古文書から紹介しましょう。

名前はおとみさん。東金市街から九十九里浜へと向かった家徳《かとく》村（東金市家徳）という所に住んでいました。村内の幸三郎さんと結婚し、可愛い子供も二人授かりました。ところが、どんな理由かはわかりませんが子供も一緒に三人離縁されて親元に返されてしまいました。当時女性が自立できる仕事はありませんから、親元にやっかいになるしかありません。ずいぶん肩身が狭く悲しかったことでしょう。

話はその約一〇年後から始まります。江戸・深川の黒江町に住んでいる徳右衛門がおとみさんにぞっこん惚れ込みました。人を中に立てて結婚の申込みをしましたが、最初は断られたようです。

彼女は出戻りの上、子供だって二人もいますし、離婚して一〇年、もうそんなに若くもない年頃と思われます。きっと身内の人々は、口べらしにもなるし、花のお江戸の人からの申込みですから、「願ってもない良縁」と口を揃えて再婚を勧めたことでしょう。でもなかなか彼女はウンとは言わなかったようです。

ここに徳右衛門が書いた一通の証文が残されています。内容を現代風になおしてみましょう。

「とみさんを私の嫁に欲しいと申し入れたところ、承知して下さって本当にありがとうございます。こうして結婚する以上、とみさんが浮気をするなどの落度があって離婚する場合は別として、もし私の方の勝手で離婚するようなことがあったら、その時には、とみさんの一生涯の生活費を負担いたします。どんなことがあってもこの約束は必ず守ります」。

という内容です。「生涯の」「渡す」「約束を守る」という所には特別に印鑑を押し、本人の他に仲介人として惣七さんが保証の印鑑を押しています。

しかし、江戸に住んでいた徳右衛門さんが、どうしてこんなに離れた家徳の女性をみそめたか不思議ですよね？

実は、家徳という地名は江戸の大商人「家徳屋」の名前から来ているのですよ。古くは

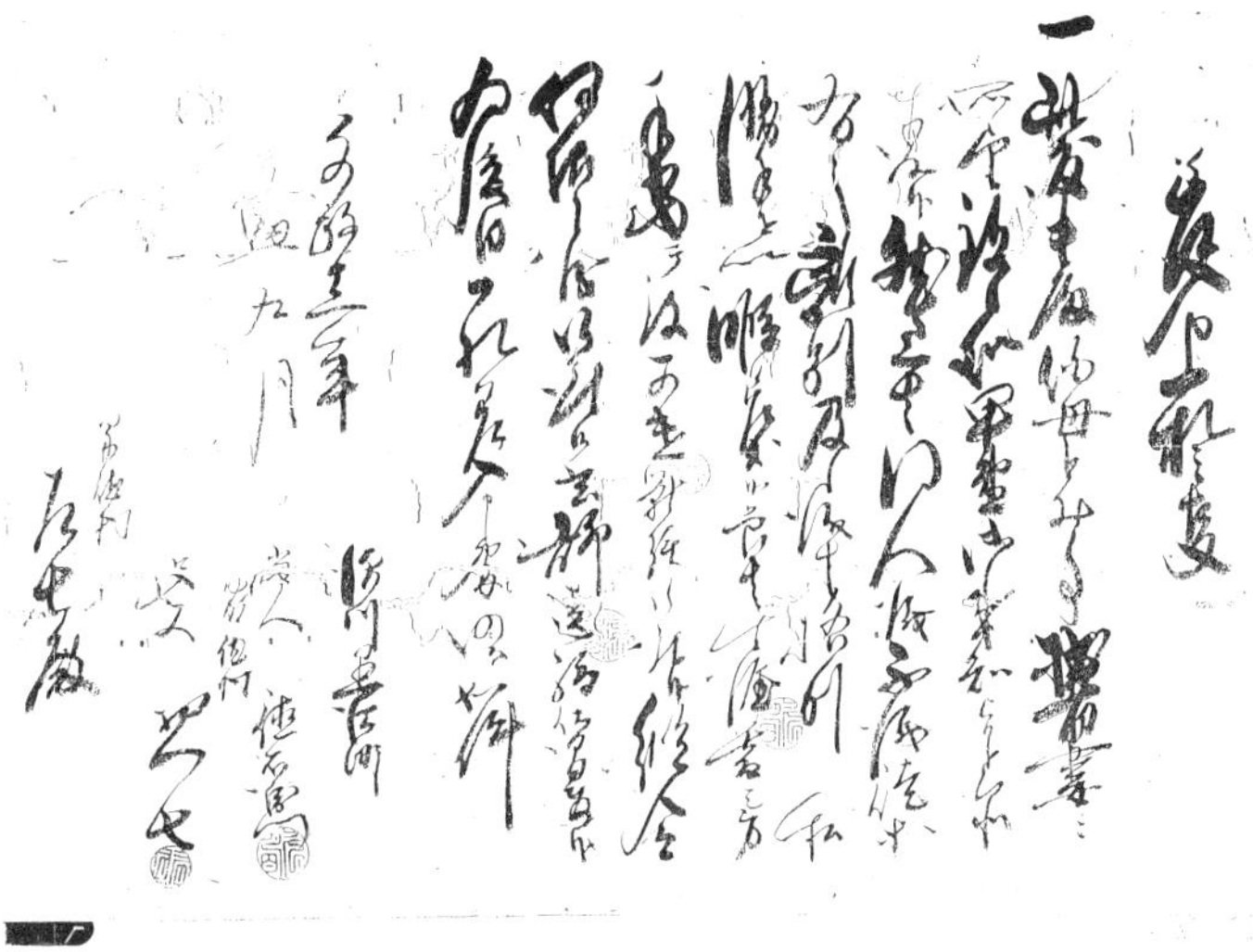

徳右衛門の書いた証文

ここは穀物を作る田畑にはならない湿地帯や草原でした。海岸に平行に走る小さな幾つかの丘陵に阻《はば》まれて、水が海に流れないため田畑にできなかったのです。この広大な荒れ地に目を付けたのが、江戸の商人家徳屋さんなどで、幕府に開発を出願し許可をもらって、莫大な財力をつぎ込んで、海へ直角に流れる川を掘る排水工事をしたのです。完成した耕地には出資した商人の家徳・広瀬などの名前が付けられました。つまり村の成立から江戸の商人達の手によるのです。また、九十九里浜に上がる鰯は、生で、また干《ほし》鰯《か》に加工され肥料として、各地に運ばれました。江戸とこの村は結構行き来があったのです。江戸の徳右衛門さんが、とみさんをどこかで見かけて声をかけ、惚れ込んだことは想像できますね。

それにしても、女性はただ黙ってハイ、ハイと暮らすしかなかったと思われるこの時代、結婚の出発点で、万一離婚した時の補償として、こんな証文を書いてもらうなんて、もーの凄いことですよ。現在の私たちの身近にだってこれほどの証文をもらって結婚した人はちょっと見られないでしょう。逆に言えば、徳右衛門さんがこのような前代未聞の証文を書いてでも嫁に来て欲しいほど、彼女は魅力にあふれた人だったのでしょうね。絶世の美女かな、思いやりあふれるしとやかな人かな、何でも取り仕切れるキモッタマ母さんかな？　みなさんも想像してみて下さい。

女性の離婚請求権

前回の「離婚と慰謝料」で、昔は女性から離婚を請求することができなかったという話をしましたね。しかし、これには例外措置が一つだけありました。皆さんも一度は耳にしたことがあると思います。「駈込寺《かけこみでら》」「縁切寺《えんぎりでら》」と呼ばれた鎌倉の東慶寺《とうけいじ》か、群馬県太田市の利根川べりにある満徳寺《まんとくじ》の中へ逃げ込んでしまう方法です。今回は東慶寺についてお話をします。

東慶寺は、弘安八年（一二八五）に時の権力者・北条時宗《ときむね》の夫人が夫の死後出家して覚《かく》山志道尼《ざんしどうに》となって禅宗を深く信心し、尼寺・東慶寺として開山したそうです。時宗夫人は、「女は自分の思うままに生きることができず、たまたま夫が悪人であったとしても、一生涯夫にしたがって生きなければならないのは哀れである」として、不幸な女が寺に駆け込めば離縁できるという寺法を定め、幕府の役人も、手をつけられない格式をもって、松ケ岡役所・松岡御所《ごしょ》と呼ばれ、明治に至るまでこの寺法は守られ続けました。

縁切方法は時代と共に多少変化し、当初は寺に女性が駆け込み、三年間寺の中で暮らすと自動的に縁が切れたことになりましたが、家にもどった女性の所へもとの亭主が無理難題を持ちかけて訴訟事件になることもあり、元禄の頃（一六八八〜）から、明確に離縁状を取るようになり、離縁は夫に対する寺からの強力な命令でした。

文化の頃（一八〇四〜）になると、寺に女性が駆け込んだという通知書を夫側に送り、両者の間だけで協議離婚するよう調停します。この時点で夫が離縁状を書けば、女性は寺の中で暮らす必要はありません。

しかし、女性は家に帰るのは嫌、かといって夫は離縁状を書くことを拒否するとなると、寺の権威をもって夫の村の役人や親類、「五人組」といって連帯責任を負わされる家の者、本人などが呼びつけられて離縁状を書くよう迫られます。夫が離縁状を出すことを渋っているため、何回も飛脚が書状を持って往復したり、出頭した人が長期にわたって寺の近くに滞在すると費用がかさみます。この費用は夫側の負担になるので莫大な金が必要になり、たまりかねて承知せざるをえなくなってしまう場合もあります。こうして寺の権威で強制的に離縁が成立した時は、女性は寺に入って暮らすことになります。この寺の中で暮らす期間も時代と共に三年から二年へと短縮されました。

ところで、もし夫が離婚に同意せず、東慶寺からの命令を無視したらどうなったでしょう？　何と寺社奉行所や町奉行所へ、家主・五人組・村の名主が呼びつけられ、離縁状を出すように命令されます。しぶとい夫も、お奉行様から命令されたら「へへーッ、かしこまりました」と言ってしまうでしょう。

一方、寺に駆け込んだ女たちはどのような生活をするのでしょうか。

①辛、酒、魚の類は一切食べない。

②どんなに重い病気になっても宿下がりしたいと自分から申し出ない。

③途中で寺を出たいと言わない。

④髪を切る（剃るのではなく、俗世間に帰り再婚も可能な程度）。

⑤お経を読む。

⑥針仕事（裁縫）をする、できない場合は習って仕立物をする。
⑦寺内は男子（八歳以上）禁制。
⑧家や親類に出す手紙は一切、寺の役人の点検を必要とする。

などの掟《おきて》があります。もしこれを破ると、寺勤めの年限がもう一年追加されます。

掟を破るどころか途中で寺を逃げ出したらどうなるでしょう？　捕まったら頭を丸坊主に剃って丸裸にして追放する、行方不明だったら戸籍に当たる「人別帳」から削除してこの世に存在しない人間にしてしまう、などの厳罰が決められています。実例では一生尼で暮らすという処置になった「くめ」さんの例があります。

千葉近辺から駈け込んだ例は、木更津から舟で海を渡って駈け込んだ一五歳の「くに」や、千葉市若葉区加曽利《かそり》の「はる」が四街道市山梨へ養女に行き、同市小名木《おなぎ》の百姓定四郎をお聟さんにしましたが、定四郎が放蕩《ほうとう》者の上、暴力をふるい顔に傷をつけられたとして、嘉永四年（一八五一）に駈け込み、翌年離縁状を勝ち取っています。

駈け込んで来る女性の身分はいろいろですから、寺の中での扱いも違います。

①女郎（上﨟《じょうろう》）衆格は、仏殿内の香・花・供物などの世話をする。
②お茶の間格は、座敷などの掃除、来客があった時はお給仕など。
③お半下《はした》格は、朝夕の食事の用意、水くみ、洗濯、庭の草取り。

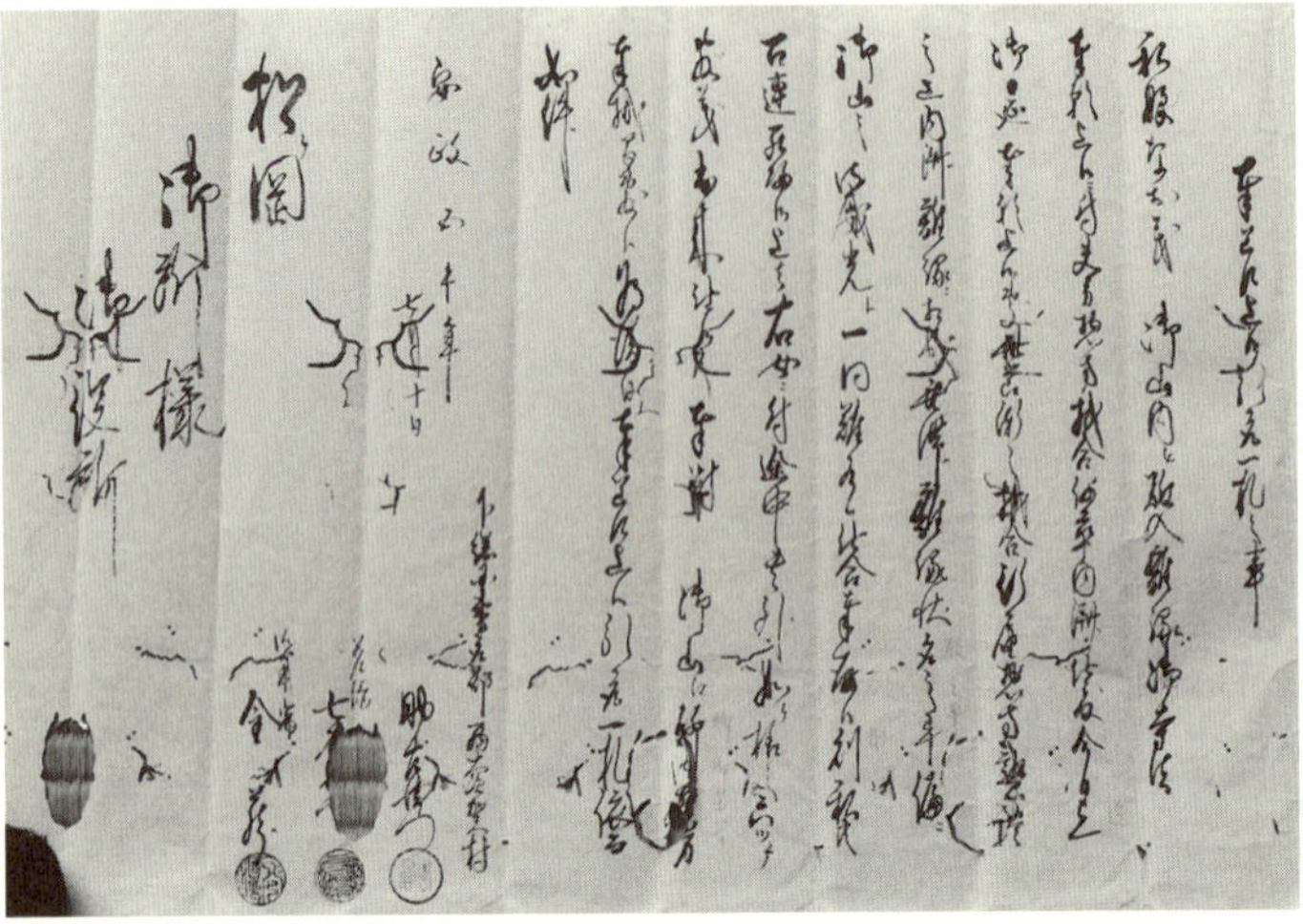

安政５年、香取郡西大須村助佐衛門の嫁なおが勝ちとった離縁状

の三種類に分かれて生活します。

ところで、時代劇映画のワンシーンで、「縁切寺へ逃げ込もうとする女が、あわや捕まりそうになると、履いていた草履が門内にころころっと転がり込む。すると女の駈込成功とみなされ、夫といえど指一本かけられなくなってしまう」という光景を見たことがあるかもしれません。あの約束事は本当の話で、身につけていた櫛や包などの持物が門内に入れば駈込みセーフでした。一人でも多くの女性を救いたい、というお寺の心のあらわれだそうです。

私が、駈込例の古文書を撮影させていただきに訪れたのは、真冬でした。通された部屋は寺院らしく広々とした部屋で、手焙《てあぶ》り火鉢が一つ……。その部屋の寒いこと寒いこと、歯の根が合わないというのはこのことで、震えを止めようと肩に力を入れれば入れるほどガタガタと震えました。江戸時代に駈け込んだ女たちは、夫から自由になる希望があるとは言え、さぞ辛い日もあったろうと思いました。

髪塚

「女の髪は象をも繋ぐ」という言葉を聞いたことがあります。そのくらい、人間の毛髪は引っ張る力に対して強いそうです。そこで、昔は神社や寺の建築材の大木を動かすのに髪の毛で編んだ綱が使われたということです。時々仁王様の足元などに大蛇のように巻かれた髪綱が奉納してあることがありますね。

一方、何事か神様にお願い事がある時、女性は自分の髪を切り、元を半紙で巻いて束ね、神前に供えて祈る風習もありました。「髪は女の命」と言われた時代ですから、「命の如く大切な髪を捧げますので、私の願い事をどうぞ叶えて下さい」という意味なのでしょう。

私の母や姉の記憶の中には、人気《ひとけ》のない神社の夕闇の中に、そんな髪の束が、あるかないかの風に〝ゆらり、ゆらり〟などしている光景が今も鮮明にあり、ゾゾッと背中が寒くなるそうです。

千葉県の北部、香取市の山倉神社の裏手で私の目にフト止まったのは、一つの石碑でした。その前面には大きく「髪塚」と書かれていたのです。私はそれまで髪塚という名を聞いたことがありませんでしたので、髪塚って何だろう？　とかたわらに立てられた説明板を読んだ事をおぼえています。その後しばらく、他に「髪塚」の存在を知りませんでしたが、知人から佐原市の香取神宮の境内にあると聞き出かけました。香取神宮には私の背丈ほどの立派な石の塚が二基ありました。

香取神宮にある髪塚

一つは明治三九年（一九〇六）初冬に、愛国婦人会香取郡幹事部が建立したもので、背面に次のような内容が刻まれています。

明治三七、八年の日露戦争の際、出征軍人に縁のある女性たちが、その夫・兄弟の武運長久を祈って、香取神宮におまいりして千筋の黒髪を切って納めました。その真心を神もあわれと思われたでしょう。このことを後の時代に伝えるために捧げられたたくさんの髪をここに埋め、髪塚と称します。

もう一つは、昭和一六年（一九四一）七月に、大日本国防婦人会香取郡支部の会員と香取神宮の宮司によって建てられています。背面には、

昭和一二年の夏支那事変勃発以来、年を重ねることもう五年、忠義で勇猛なたくさんの天皇軍の将や兵士は、アジアのための聖い戦いに出て行きました。そしてその戦いを背後で支えている婦人たちの熱烈な活躍は、また誠に感激すべきものがあります。殊に母・妻その姉妹が自分の黒髪を断ち切って、この香取神宮に捧げ、将や兵士の武運長久・生命の無事を祈る真心は神様も理解して彼らを護り恵みを垂れてくれることでしょう。ここに皆で相談し、その幾百千の黒髪を集め、新たに髪塚を築くことによって昭和聖代の婦人たちの忠義貞節を永く後の世に伝えようと図り、この言葉を記します。

といった事が書いてあります。最初に私が見た山倉神社の塚は昭和二五年（一九五〇）に作られ、同じような内容の文章が添えられていました。

私が歴史に興味を抱きはじめた頃、先生から「歴史をただ勉強しても意味がない。現在の自分に生かしてこそ意義がある」という意味の事を聞きましたが、その時はその言葉が

理解できませんでした。「そんなこと言っても、カビのはえたような話でべつにたいして役に立ちそうもないと思うけどなぁ」という程度の感想でした。

しかし、この髪塚を目にした時、突然この先生の言葉が私の脳裏によみがえってきました。「今日現在、私が生きていることが一番新しい歴史なのだ」と思ったのです。

髪塚に埋められた膨大な量の髪に託して、「どうか無事でもどってきてください」と祈ってもらった男たちのうち、どれほどの人が傷つき、どれほどの人が空しく戦死したのでしょうか。戦後の新興住宅街は別として、どこの町を訪れても、どこかに「忠魂碑」「忠霊塔」と刻んだ巨大な石があります。あの大きな石碑の存在が、女たちの多くの祈りが聞き届けられなかったことを証明しています。戦場で死ぬ事が名誉であると教えられていたのですから。

昨日、父、母、姉が生きた歴史に失敗があるのならば、今日、この私が失敗しない歴史を生きなければいけないのです。それは「戦争ハンターイ！」と街をデモすることばかりではないと思います。家族・親類が仲よく暮らす努力をすることも、意見の違う隣人・同僚と冷静に意見を述べあうことも、省エネを心掛けて他国の資源を食い潰さないことも、有害な煙・ゴミを出さないようにすることも、もう一度髪塚を作らないための努力の一つと言えるでしょう。

しかし、今度戦争が起きても、私はショートカットなので切る髪はありません！

遊女屋とトイレの汲取権

江戸時代、利根川は現在の幹線道路や鉄道のような役目を果たしていました。当時、陸上輸送では馬の背に二、三俵の米を乗せて運ぶのがせいぜいですが、舟ならば多量に輸送できたからです。

利根川で多く使われた舟は、高瀬舟と呼ばれました。森鴎外が著書に記した京都あたりの高瀬舟とは違い、船体が大きく、帆をかけ、二〇〇俵～一三〇〇俵ぐらい積み、船内で生活しながら輸送していました。

東北諸藩が江戸に大量の米を江戸詰めの殿様や武士の食糧用に、あるいは江戸で売却して藩の財政を賄うために送る必要が生じてくると、銚子湊は俄然《がぜん》その重要性が増大しました。何百俵も積んだ舟が頻繁《ひんぱん》に出入りし、銚子あるいはその近郊の川の湊（河岸《かし》と呼ばれる）で荷物を川舟に積み替えて利根川を遡《さかのぼ》って行きます。

また、帰りの船には、「下り物」と言って、江戸の古着（田舎ではニューファッション）

などが逆コースをたどって積み送られます。

銚子湊の付近は海流や風の具合で大変危険になるそうで、都合よい風が吹くまで何日も舟を出せず、そこここの湊に滞船しました。今回の話の舞台である本城《ほんじょう》、松岸《まつぎし》は銚子湊に近いため、風待ち・日和《ひより》待ちの舟が多数滞在したそうです。

舟乗りは屈強な男ばかりの世界です。いつ変わるかわからない風を待って、多勢の男がゴロゴロとたむろしているのですから、そこに必要とされるのはいつの時代も同じです。そうですその通り、酒、女……となりますね。それに衣類の洗濯や繕《つくろ》いを頼む女も必要です。

需要と供給の法則にのっとって、本城では新しい遊女屋の開設を計画しますが、「新規の開業」はダメと許可になりません。そこで銚子飯沼の遊女屋を移転する申請を出しました。「農民の反対がなければよい」という条件付きで許可されますが、案の定農民は、「農業に精を出すべき若者が堕落《だらく》するから困る」と猛反対です。

あれこれ交渉の結果、正徳三年（一七一三）に遊女屋の移転が許可されました。この時農民側の出した同意のための条件は次の二項目です。

①遊女屋のトイレはすべて無料で村の農民が自由に汲み取ることができる（肥料にする）。

②どんな事情があっても、当村内の若者を遊女屋に上げないこと。

しかし、②の条件を守らせるのは困難だったでしょうね。現代だって「一八歳未満はお断り」と書いてあっても、あまり役に立っていないようですし、他村の若者たちは条件にないので、大いばりで登楼できます。どこの村の若者かを判断するのは困難ですね。米・薪・松葉・野菜を売りに行ってお金を握ると、帰りに遊女屋に誘い込まれて使い果たし、その上多額の借金を作る者が出ます。借金がかさんで村から逃げ出してしまう者もあります。農業がおろそかになってしまうので、たまりかねた太田村（現旭市ニ）近隣の六ヶ村から「どうか遊女屋を取り潰してください」お役所に嘆願書が出されています。

また、遊女屋のトイレの汲取権利を村人に与えることが開設同意の第一条件であったことは、注目すべきことです。それほど、当時トイレの堆積物は下肥《しもごえ》と呼ばれ、農業に大切な肥料だったのです。幕末、石原守貞の著書にこの下肥の所有権について次のように書かれ、私はとても面白く読みました。

江戸では、

大便＝家主（管理人のような立場で地主ではない）の権利。農夫に売却する。

尿＝もっぱら溝などへ棄ててしまう。稀に蓄え売却する時は代金は家主が受け取る。

京都では、

尿＝借家人に所有権があり、野菜と交換する。

大坂では、

大便＝家主（地主でもある）に権利がある。

尿＝借家人に権利がある。

京・大坂にくらべて、江戸の借家人の方が少々立場が弱いようです。千葉あたりではどうなっていたのでしょうか。下肥を買った記録は見たことがありますが、借家人の分の権利が誰にあったのかはわかりません。

現在私たちは、逆にお金を支払って汲取りを依頼しています。時代の変遷と物の価値の変化を感じますね。

話はチョット脱線しますが、私は九十九里浜から少し山側の横芝光町で育ちました。小学生の頃ある畑に行くと、北風に表土が吹き飛ばされた畝の上に、人間の顔をした小さな素焼のおはじきのような丸い物がよく落ちていました。拾い集めるのが楽しかった思い出があります。私達はこれを〝どちろん〟と呼んでいました。

研究者によるとこれは泥面子《どろめんこ》といって、江戸で流行した遊び道具だそうです。なぜ江戸のおもちゃが千葉の畑の中から出て来たかというと、トイレの堆積物だけでなく、江戸のゴミ溜めに集められた物が野菜などを出荷した帰りの荷物として運ばれ、畑の肥料としてリサイクルされていたのです。何百年もたって、まかれた畑から出てきたのですね。〝ど

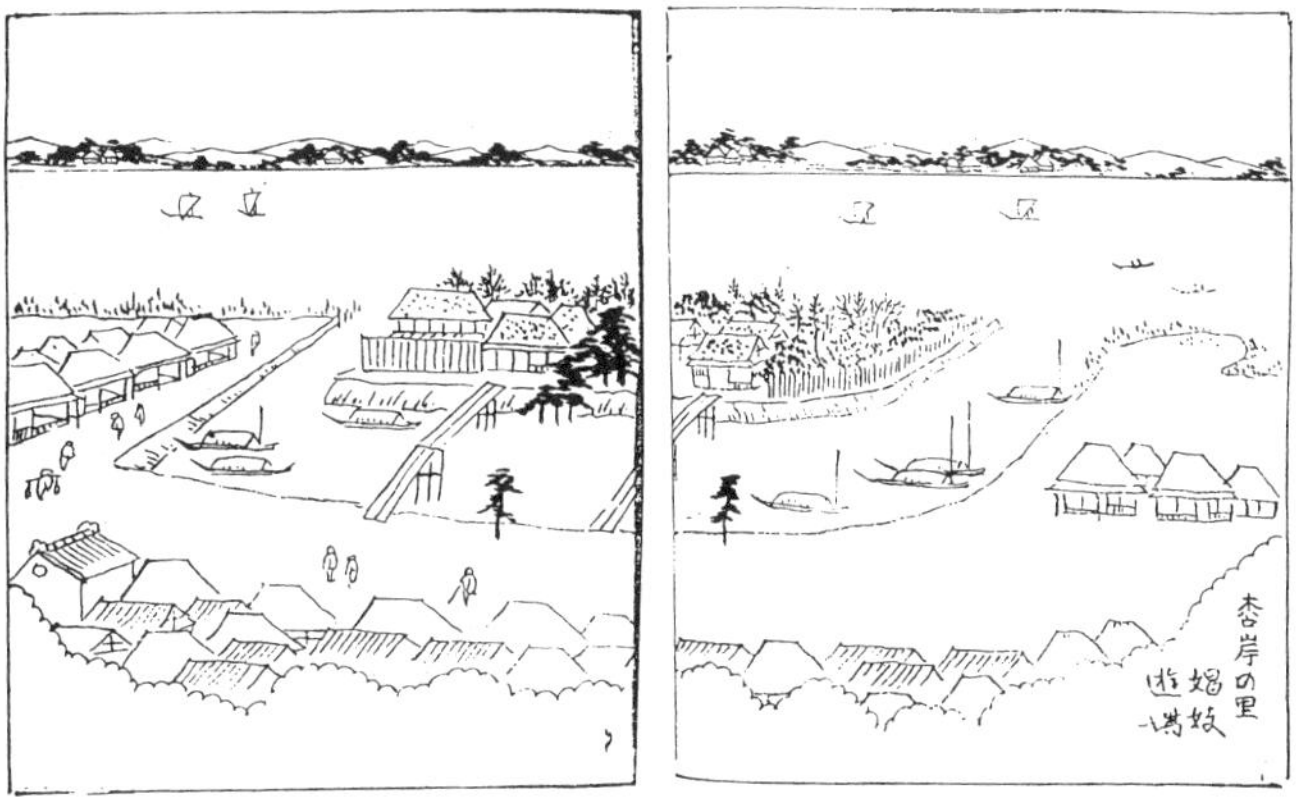

松岸の里（川名登編『下総名勝図絵』より）

ちろん〟は私の宝箱におさまりました。

一方、江戸時代の半ば頃から木《き》下《おろし》茶船という遊覧船の人気が出ます。これは船の中で飲食をしながら香取・鹿島神宮、息栖《いきす》神社を廻り、銚子の飯沼観音に参詣する観光旅行です。文化人や商人たちが出かけましたが、この飯沼観音の参詣は松岸から陸に上がったのです。幕末の本城には遊女屋五軒、引手茶屋二五軒、松岸に遊女屋が五軒ありましたので、こうした店の需要が増えていったことがわかります。

『東海道中膝栗毛』の著者、十返舎一九《じっぺんしゃいっく》は文化一三年（一八一六）に松岸の鶴万という引手茶屋に上り、松が枝・豊梅・みつ里という三人の遊女と遊びました。このような場合、遊女は俳句の一つぐらい作れる教養を求められます。農村からはうとまれる存在の遊女屋でしたが、一方ではあこがれの江戸文化やファッションを農村にもたらす文化の窓口の役割も果していたのでしょう。

ＪＲ松岸駅から利根川へ向かって歩くと、左側に青野屋という結婚式場があります。この裏手あたりが、昔遊廓のあった場所です。

私の知人は、昭和二五年頃までこのあたりに黒板塀があって、そこに行くには小橋を渡らなければならなかったとか、汲取りの容器は普通の肥桶形ではなく、蓋に小穴が開いている樽形で、汲み込む時は竹筒を仕込んだ四角い漏斗《じょうご》のような物で流し入れた、などと記憶しています。また初版本を読んだ方から、「戦時中は兵隊の宿舎となっていて、私はここに駐屯していました」と記憶により間取りを描いたものを送ってもらいましたが、ずいぶん大きな建物でした。

西国道中記

昔の人は、どこへ行くのにも歩きました。自分の二本の足しかほとんど頼りになる交通手段がありませんでしたから。

それなのに、彼等は私たちの想像以上に遠方まで旅をしています。たとえば東北地方は山形県の月山《がっさん》・羽黒山・湯殿山いわゆる出羽三山《でわさんざん》参り、伊勢神宮詣で、四国の金比羅《こんぴら》さんなどです。

江戸中期の文化八年（一八一一）、銚子にほど近い旭市大間手《おおまで》の名主《なぬし》の息子治右衛門さんが、二二歳の時に出かけた旅日記を地図（次頁）にしてみましたので、それに沿って私たちも一緒に歩いてみましょう。どうですか、この地図片手にあなたも旅立ってみては？

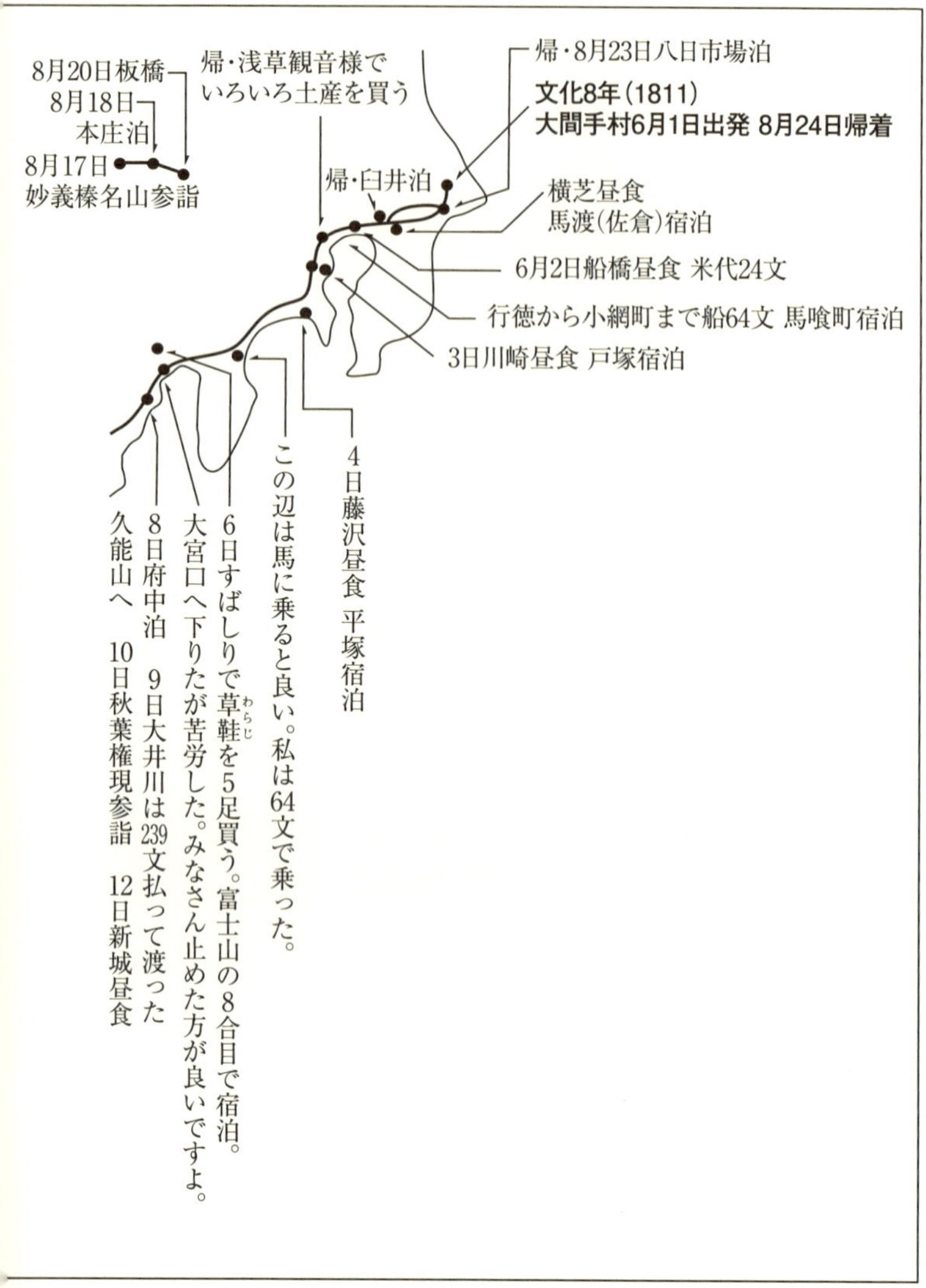
8月20日板橋
8月18日
本庄泊
8月17日
妙義榛名山参詣
帰・浅草観音様で
いろいろ土産を買う
帰・8月23日八日市場泊
文化8年(1811)
大間手村6月1日出発 8月24日帰着
帰・臼井泊
横芝昼食
馬渡(佐倉)宿泊
6月2日船橋昼食 米代24文
行徳から小網町まで船64文 馬喰町宿泊
3日川崎昼食 戸塚宿泊
4日藤沢昼食 平塚宿泊
この辺は馬に乗ると良い。私は64文で乗った。
6日すばしりで草鞋《わらじ》を5足買う。富士山の8合目で宿泊。
大宮口へ下りたが苦労した。みなさん止めた方が良いですよ。
8日府中泊 9日大井川は239文払って渡った
久能山へ 10日秋葉権現参詣 12日新城昼食

旅日記の旅程図

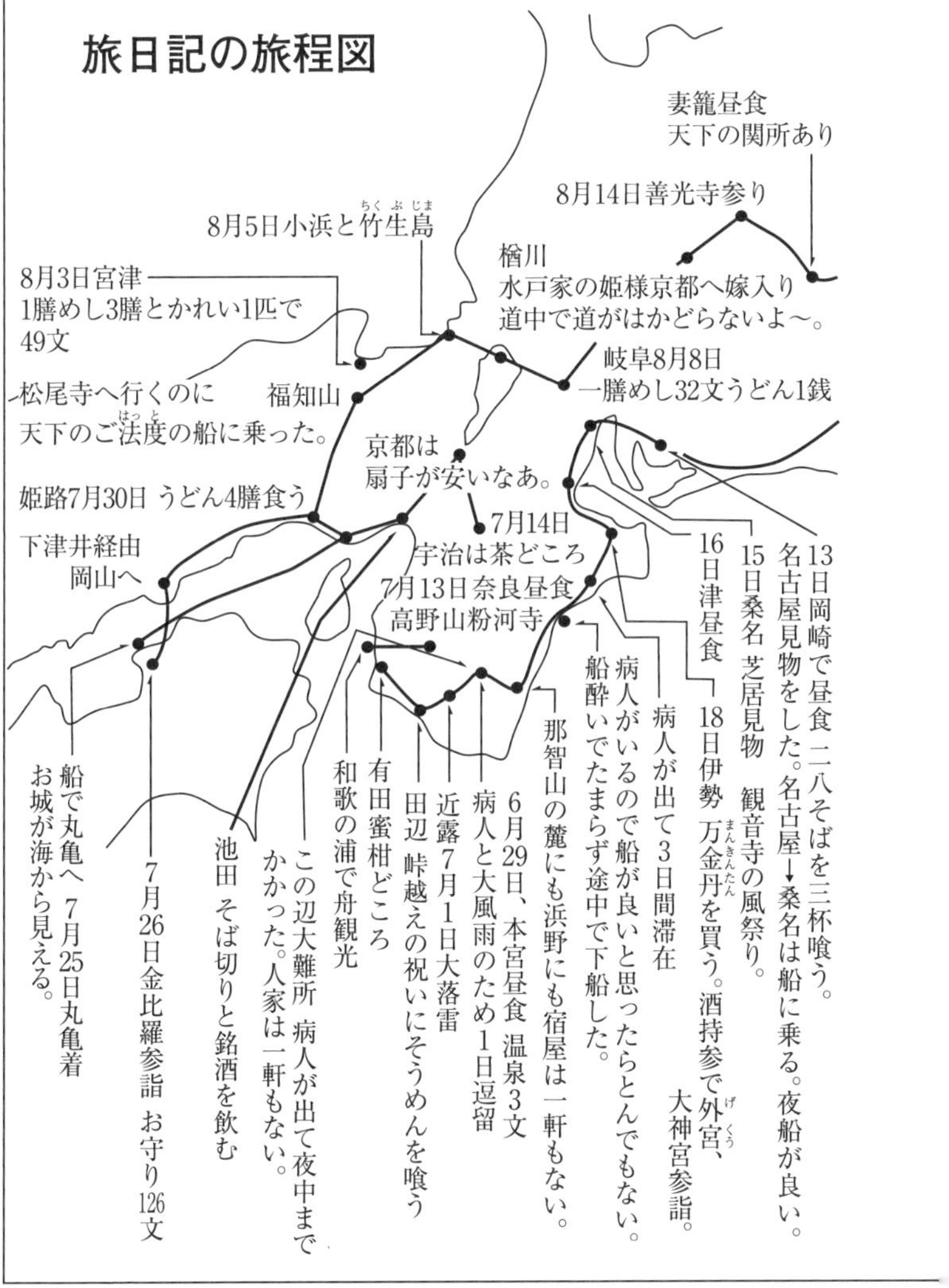

妻籠昼食
天下の関所あり
8月14日善光寺参り
8月5日小浜と竹生島《ちくぶじま》
楢川
水戸家の姫様京都へ嫁入り
道中で道がはかどらないよ〜。
8月3日宮津
1膳めし3膳とかれい1匹で
49文
岐阜8月8日
一膳めし32文うどん1銭
松尾寺へ行くのに
天下のご法度《はっと》の船に乗った。
福知山
京都は
扇子が安いなあ。
姫路7月30日 うどん4膳食う
7月14日
宇治は茶どころ
下津井経由
岡山へ
7月13日奈良昼食
高野山粉河寺
13日岡崎で昼食 二八そばを三杯喰う。名古屋見物をした。名古屋→桑名は船に乗る。夜船が良い。
15日桑名 芝居見物 観音寺の風祭り。
16日津昼食
18日伊勢 万金丹《まんきんたん》を買う。酒持参で外宮《げくう》、大神宮参詣。
病人が出て3日間滞在
病人がいるので船が良いと思ったらとんでもない。
船酔いでたまらず途中で下船した。
那智山の麓にも浜野にも宿屋は一軒もない。
6月29日、本宮昼食 温泉3文
病人と大風雨のため1日逗留
近露7月1日大落雷
田辺 峠越えの祝いにそうめんを喰う
有田蜜柑どころ
和歌の浦で舟観光
この辺大難所 病人が出て夜中までかかった。人家は一軒もない。
池田 そば切りと銘酒を飲む
7月26日金比羅参詣 お守り126文
船で丸亀へ 7月25日丸亀着
お城が海から見える。

幽霊を殺した幽霊

江戸時代も末の安政三年（一八五六）一一月五日の真夜中、利根川に死体が浮かびました。死人は岩吉という日雇いの水主《かこ》（船頭）で、体の数ヶ所に刀傷を受けていました。

加害者は勘七という船頭で、すぐに捕えられました。

勘七の申立てによる事情は、「五日の夜酒を飲んで岩吉と川端で喧嘩となり、互いにののしりあった挙句《あげく》、岩吉の脳天を拳骨《げんこつ》で殴ったところ、岩吉が脇差を抜いて切りかかって来たので、夢中になって刀をひったくり、逆に切りつけてしまいました。私はそのまま船に帰って寝てしまったのですが、後で行ってみると、岩吉はもう死んでいました。別に怨《えん》恨《こん》があったわけでも、金銭上のもつれもありません。ただただ酒に酔っていたからです」ということです。

この事件のお奉行所による判決を一口で言ってしまうと、「勘七は無罪・おかまいなし」「岩吉は殺され損」です。「えーっ！　人一人殺して無罪？」と思いますよね。

判決の理由は、二人とも「無宿人《むしゅくにん》」であるから、つまり「この世に存在しないはずの者が、この世に存在しない者を殺した」ので罪に問いようがない、ということです。

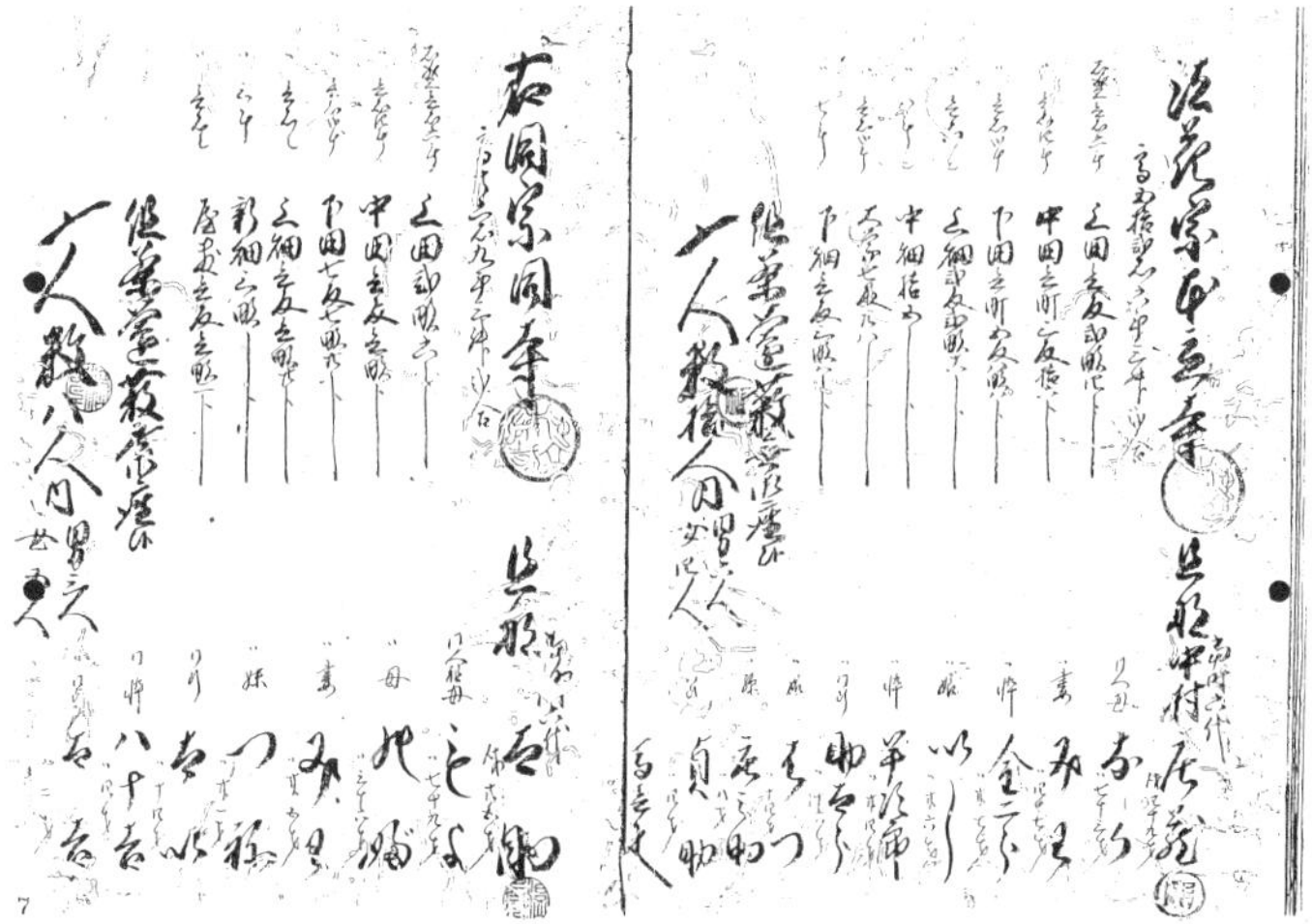

宗門人別改帳（木更津市真里谷）信仰する宗旨、寺の名前、耕作する土地の面積、一家全員の名前・続柄・年齢、所有する馬の数などが記されています。

岩吉の服装はとても洒落《しゃれ》たもので、小《こ》紋《もん》染の綿入れ、紺の縦縞《たてじま》の単物《ひとえもの》を着て、小《こ》倉《くら》の帯を締めていました。持っていた長脇差も二尺一寸（六三センチメートル）くらいの作者の銘がちゃんと入っているという立派な物でした。そんな二人が本当に全く身寄りもなく、身元不明の風来坊だったのでしょうか。

いえいえ、調査の顚末《てんまつ》を記した古文書《こもんじょ》には、ちゃーんと記入してありましたよ。岩吉は、元は奥州岩城郡四ツ倉村（福島県いわき市四倉）の百姓・四二歳、一方の勘七は武州賀美《かみ》郡八丁河原村（埼玉県上里町）の組頭政右衛門の弟・三八歳という結構良い家柄で、母親も健在と判明しているのです。それなのに、なぜ身寄りもない「この世に存在しないはずの無宿人」として扱われたのでしょうか。

江戸時代も末期になると、農村は年貢の負担に疲れてきます。「欠け落ち」「逃散《ちょうさん》」といって、一切の絆を断ち切って、単身あるいは一家全員で村から逃げ出してしまう者が増加します。

一方、当時の社会の秩序を守るための方法として、「五人組」という制度がありました。これは村全体を数軒の家で一組単位として組織し、何事があっても連帯責任を取らせるという方法です。誰か問題を起こした人間が出ると、親類でも何でもない人が「五人組の中の仲間である」というだけの理由で責任を問われ、罰金を払ったり、体罰を受けなければなりません。これではたまらないので、自分の組から悪人や怠け者が出ないように、ウの目・タカの目で互いに見張り合うのです。

もし、息苦しい村からはみ出して都会に逃れ出る者、あるいは仕送りをするからと出稼ぎに出てそのまま便りがない……などという人が出ると、「やくざなどになって犯罪にかかわったりしないだろうか」「幕府を倒すなんて集団に加わらなければよいが……」などと村に残された五人組の人々は心配でたまりません。

そこで安全対策として、こうした人々を村の戸籍にあたる帳簿「宗門人別《にんべつ》改帳《あらためちょう》」から削除してしまうという方法をとります。これが「帳はずれ」「無宿人」つまり無国籍者・

この世に存在していない人間なのです。

余談ですが、私は歴史を勉強するまで、「かけおち者」とは恋が実らず逃亡した男女のことをさすとばかり思っていましたので、江戸時代の「かけおち者」はこの帳簿から「欠け落ちてしまった者」を指すことを知って、何ともいえない新鮮な驚きを感じたことが忘れられません。

また、現在でも出来の悪い息子を「はずれ息子」と言いますが、きっとこの「帳簿からはずれる」ような息子ということが語源だろうと私は思っています。

さて、この岩吉と勘七は四二歳と三八歳。郷里にいれば家を支え、社会を支えているはずの働き盛りの男です。村では、人数が減っても納めるべき年貢の額は減りません。村に残った人々で、田畑を質に入れても納めなければなりません。こうした主力層が流出してしまえば農村はますます疲れていきます。

また、村を逃げ出した人々はどこで生きていくのでしょうか。農村からはみ出して来たのですから、他の農村だってよそ者を養う余力はありません。それによそ者を勝手に宿泊させてはいけないという決まりもあります。「遊女屋とトイレの汲取権」でも述べたような、川に沿《そ》って出来た河岸《かし》へ行くと、荷物の揚げ降ろしや船乗りとして力のある屈強《くっきょう》な男が必要とされます。また、河岸は農村と違って現金収入が得られる魅力があり、男たちが流入します。大勢の男が風待ち、潮待ちで暇を持て余すと、ニワトリと卵の関係のように、遊女屋、料理茶屋、博打《ばくち》場などができます。

いつの世でも、自分が法を守らないと法も自分を守ってくれません。岩吉の例のように殺され損になるのでは心細くてたまらないでしょう。このように弱い立場に立たされた無宿者を大勢集めて、「ヨシッ、俺に任せろ！」と胸を叩いて見せる者が現れます。それがヤクザの大親分という存在。

当時の荷物輸送の大動脈・利根川べりに『天保水滸伝』というヤクザを主人公とした一大ドラマが生まれた裏には、農村を食い詰めた大勢の哀れな幽霊の存在があったのです。

現在もボートなどに乗って他国に不法に入国する人がいると聞きますが、全く入国した記録のない人が、同じ立場の人を殺害したら、どう裁かれるのでしょうか？

政治に愛を

江戸時代の税を語る時に、「百姓とごまの油は、絞れば絞るほどとれる」という言葉がよく用いられますが、千葉県下に珍しい例外がありました。

徳川幕府は、戦いが起こった時に「ソレっ！　一大事だーっ」と江戸城の将軍の旗の元にいち早く集合して来るように、「旗本」という、一万石未満で将軍に面会するチャンスのある家柄の親衛隊を五〇〇〇人ぐらいお膝元に配置していました。千葉県は細かく分かれた旗本の支配地が多くあります。

茂原市に立木《たちき》という地区があります。ここは江戸時代、朝比奈・土岐・富永という三人の旗本に支配されていました。

江戸時代も末期になると、多くの旗本の家計は火の車で、「先納金」と称して、まだ収穫していない米に掛かる年貢（税）を先払いするように要求したり、裕福な農民や商人に借金をしたりしてしのいでいました。

立木村の三人の支配者のうち朝比奈家は、徳川時代の初期からこの地方に三〇〇石分の支配地と、幕府の米蔵から現物支給で一〇〇石（約二七〇俵）分を受けていた旗本です。六代目の矩春《のりはる》は、馬に乗って弓を射る技術などが優れているとして、将軍から着衣や黄金を与えられたほど優秀で、江戸小日向台（現東京都文京区）に四四一坪（一四五五平方メートル）の屋敷を与えられていました。

しかし七代目の貫一郎の代になると、様子が変わってきます。

文政一二年（一八二九）に立木村の百姓が書いた文書によって当時の貫一郎のようすを

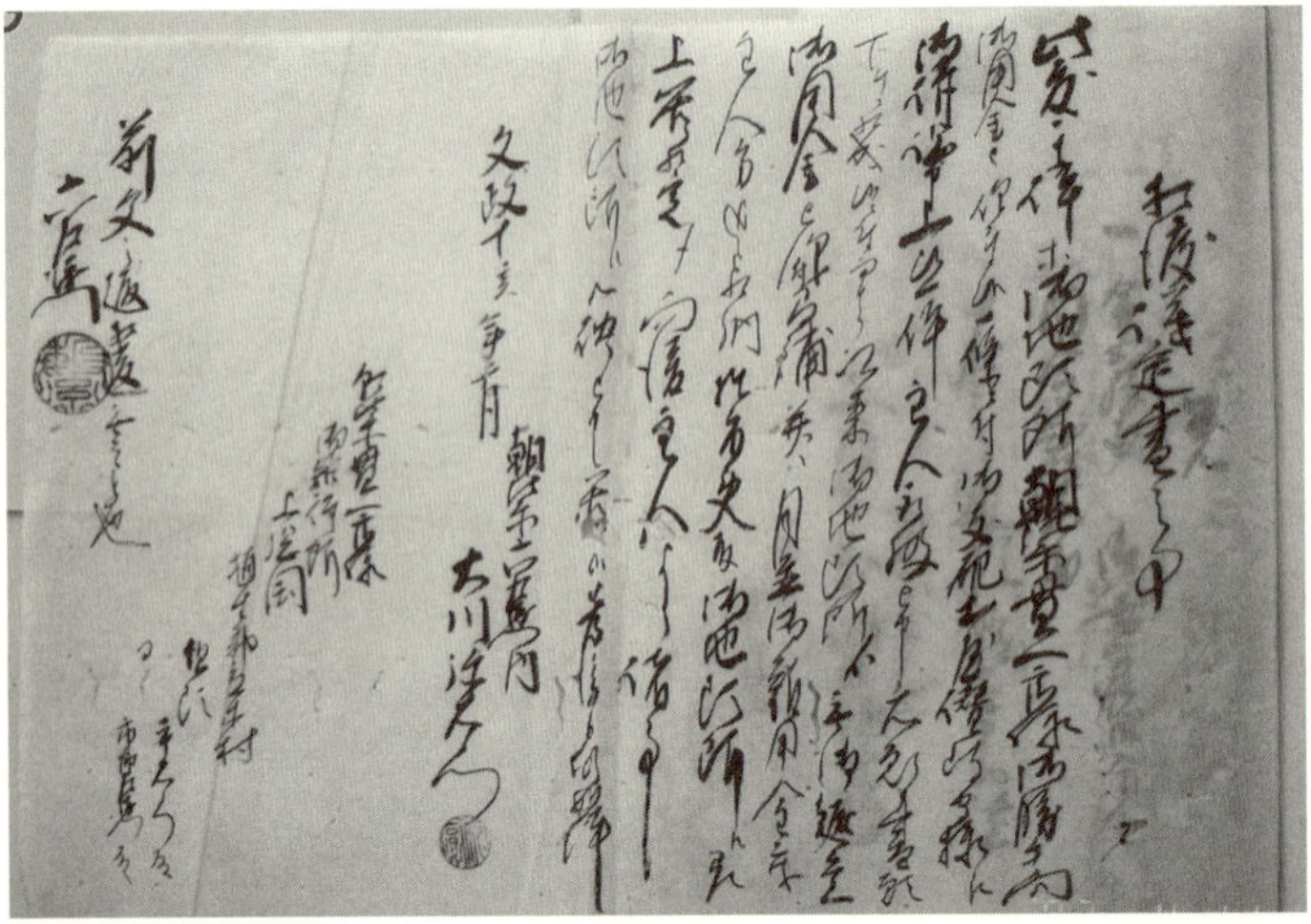

朝比奈家の親類が間に入り、もう勝手な御用金を命じさせないと農民に約束した証書（茂原市立美術館・郷土資料館所蔵）

見ますと、「毎年のように先納金を差し上げ、暮らし方はもちろんお小遣いまで、いささかの差し支《つか》えもないようにまかなってきましたが、それでもあれこれと難題を命じられ、家が潰れてしまう者、村から逃げ去ってしまう者などが現われるようになり、恐れ多いことですが、駆け込み訴訟をしたこともあります。そうすると、一旦は私共の意見を聞いてくれるのですが、その時ばっかりのことで、百姓の窮乏は増すばかりです」と嘆いています。

また家臣の言葉によると、「屋敷も、表面上は人に貸したように体裁《ていさい》をつくろっていますが（事実上は売却）、もう取りもどすことはできないでしょう。お殿様の役職も近々格下げになるようです。全く殿様一人の不心得で、奥様やお子様はじめ、家来《けらい》まで苦労して、全く気が狂ったとしか思えません」。

このような状態で、文政一〇年「身持ちがよくないから」と家は取潰され、「殿様は保科家へ身体を預け牢屋に入れる」という処置が命じられました。

すると驚いたことに、貫一郎は息女の「かね」を新吉原の玉屋へ遊女に売りとばしてしまい、以前から交際のあった品川の増本屋に勤めていた飯売女（旅人の給仕をし、売春婦でもあった）を身請けして出奔《しゅっぽん》してしまったのです。

朝比奈家の支配していた土地は、幕府の直轄地となりました。

支配者が交替するということは、百姓にとっては一大事です。なぜかと言うと、新しい支配者は、前の支配者に払った前払いの税には本来無関係だからです。「そんなことは私には関係ない！」と自分が支配することになった年から、自分の決めた税率を掛けて要求して当然です。

立木村は用立ててきた莫大な先納金がパーッと帳消しになってしまうのです。ただでも借金まみれの旗本が、どこか他の土地に移ってしまえば、返済される見込みはゼロですからネ。ましてや朝比奈家は取潰されてしまったのです。

百姓たちは新しく任命された幕府代官に、過去の経緯を一生懸命説明して、何とかして欲しいとかけあいました。代官も百姓の置かれた状況があまりにも酷《ひど》いと思ったのでしょうか、利息の分は百姓の損失とするが、元金分だけは幕府が徴収する税から年賦で返済することにしてくれました。立木村の先納金は全部で三一五両、この村の年貢の二年分くらいもありました。

事実、文政一一年に幕府に納めるはずの税から、米約三四〇俵、翌一二年に三四二俵を、先の支配者に先納したからとして、免除したことが古文書《こもんじょ》の上で確認できます。つまり、幕府は部下であった旗本の不始末の尻ぬぐいをして、農民の生活を守ったわけです。過酷な税の徴収をしたと語られる時代の中に、こうした「愛」の政治が行われた例もあったのです。ちなみに、この時の幕府代官は森覚蔵という有名な代官でした。

ところで殿様はその後どうなったかですって？　よくはわからないのですが、全く知らぬ他国へ逃げてしまったわけでもなかったようで、本人貫一郎は、出奔から六年目の天保三年（一八三二）と思われる頃、一両二分をもとの支配地の百姓から恵んでもらったり、翌年に、恥も外聞もなく頼み込んで、わずか金一分を施しとして恵まれ、受領書を書いています。殿様の弟の邦五郎も取潰しの二年後に二〇両、天保五年に金二両二分の金を受け取るほか、幾度も金をねだって受け取っています。

他にも家臣かと思われる人が、金一両二分と小夜具《やぐ》一、木綿の袷《あわせ》の着物二枚、ひとえ物一枚を恵まれて、「これから江戸へ出て、陰陽師《おんみようし》（占師）になって生計を立てるつもり」と感謝しています。こちらは人生設計を描いている点でまだ救われる気がします。（この事例は、茂原市に住む佐藤甫さん他一二名が古文書を解読し、解明したものです）。

大根で殴《なぐ》り合い！

香取郡多古町から匝瑳市へ向けて走るＪＲバスの停留所木積《きづみ》で下車し、南へ少し入ると、道の右側の少し奥まった所に白山神社があります。この神社に奉納されている祭礼の絵馬三枚が、もう失われてしまった大変面白い風習を語ってくれます（神社の小窓から覗くと絵馬の一部が見えます）。天保一五年（一八四四）に描かれた絵です。

神社の祭礼は正月の一八、一九、二〇日の三日間で、一八日に「大根打ち」、一九日に「嫁ならび」、二〇日に祭礼（打板の酒盛）、この行事を総称して「大根打ち」と呼ばれました。

まず最初の一八日の大根打ちから説明しましょう。

あらかじめ前の年の秋に当番の家が決められ、二反歩（二アール）弱の畑に大根を作付して収穫したら俵に入れて蓄えておきます。祭礼当日昼どきの巳《み》の刻（現在の午前一〇時）

から、若い衆は庭に旦那衆は座敷にと二手に別れて、一本のままの大根を投げ合います。勇壮な若者たちが勢いよく大根を投げつけ、打ち合うのですから、大根は砕け、人々は傷つくという戦いが数刻（一刻は現在の二時間）も続きました。

絵馬には大根が頭に命中して転げ廻る者、大根を両手に振りかざして今まさに投げようとする者、ふんどしもあらわに縁側から真っ逆さまに転落している者、目鼻から血を流す者などが躍動的に描かれています。しかし、弘化二年（一八四五）に『下総名勝図絵』を書いた宮負定雄《みやおいさだお》は「この時の怪我はどんなにひどくとも三日のうちには治ってしまい、少しの患いもない。実に不思議なことである」と書いています。

この大根打ちの持つ意味は何でしょう。私は、①各個人の位置や役割がハッキリと決められ、はみ出すことを許されない生活の中で、一年に一度のエネルギーの捌け口、②外敵に対して備える軍事的訓練の名残り、と考えます。どちらの組が勝ったかで農作物の収穫やその年の吉凶を占うというような目的であれば、数刻に及ぶという長時間は必要ないでしょう。実戦の役に立つ戦いの訓練と考えると、この長時間にわたる戦いがズッシリと重要な意味をもってくるではありませんか。

二枚目の絵は一九日の「嫁ならび」です。今日は、村中の新しいお嫁さんを招き御馳走が振る舞われる日なのです。新顔の嫁さんたちは着飾って輪になって座り、中央に重箱や

「大根打ち」絵馬（部分）

三宝に載せられた酒器が置かれ、いよいよ食べる時になると、山伏の先導で二人の男女の子供が三宝の上に女性性器に似た二股の大根と巨大な男性性器に似た大根をうやうやしく持ち出してきます。廻りの人々は笛や太鼓で拍子を取りはやしたてます。このしぐさはとてもおかしくて思わず笑わずにいられないのですが、新妻たちは笑うわけにはいきません。この時に笑わなかった嫁は良い嫁であるが、大笑いしてしまった者は必ず離婚されるといわれているからです。

この「嫁ならび」は、何を意味しているのでしょう。前年の間に村に嫁いで来た嫁たちが、公式に村人として承認され、迎えられる儀式で、二股の大根、あるいは陰陽二物に託して、生命を生み出す女性への崇拝や、豊作への祈り、健やかな子孫の繁栄への期待が含まれているものと思われ

「嫁ならび」絵馬（部分）ごちそうを囲んで並ぶ新妻たち

性器に見立てた大根を捧げ持つ童児「嫁ならび」絵馬（部分）

「打板の酒盛」絵馬（部分）

ます。しかし、前年に嫁いで来た新妻たちには、笑うなというのも残酷な話ですね。「知っていても知らないそぶり」のつつましやかさが当時は要求されたのでしょう。性的な事に関してくわしくない「うぶな娘」を歓迎するためのテスト的な意味合いも含まれていたのでしょうか。

三枚目は二〇日の厳粛な祭礼の絵です。龍頭寺の客殿に村の旧家一六軒が格式をもって並び、神様の前で「打板の酒盛」という厳めしい儀式を行います。この絵は作者も作成年号もわかりませんが、前の二枚とは明らかに筆づかいや色彩が違い、技術は稚拙ですが、とても親しみのあるタッチです。村人たちは長い江戸時代を、このような行事によって、村の創立当時の誇りと団結の意識を代々伝える努力をして過ごしていたのでしょう。

お寺の前では串だんごが作られ、子供たちがうれしそうに食べています。親たちと連れ立って歩く子供たちの手には、うず巻のようになった〝あめ〟らしきものや、新粉細工の鳥のような物が握られています。垂れ幕や奉納の幟《のぼ》りには奉納者の名の他に、安永九年（一七八〇）、文政（一八二〇年頃）などの年号が書き込まれているので、この頃に大根投げの行事が行われていたことが確認できます。

現在はもう行われず、日露戦争の頃「しんにむ（新右衛門）の新宅」と呼ばれる家で、金鵄《きんし》勲章を受けた祝いに奉納したのが最後とのことです。

性のシンボルに祈る

以前、何気なくドキュメンタリーTV番組を見ていたら、どこか南国の、裸で暮らしている民族の奇妙な風習を放映していました。私が興味を引かれたのはその中の次のような光景でした。

集落の男性が全員身体を飾り立て、祭りを行う場所に集合して「豊作」「豊猟」祈願のために大地に掘った穴に一斉に性器を挿入する行為を繰り返すというシーンです。つまり、大地に人間の種子を蒔《ま》くのです。これを見た時、「遠く離れ住み、交流の無い人々でも、人類って同じ発想をするものなんだなあ」って感心しました。この裸族の習慣に共通した発想を、日本国内でもあちこちに見受けることができます。

路傍の小さな祠を覗くと、男性の性器が石や木で造られ、何個もドン！　ドン！　と立っていることもありますし、寺の境内に人々から忘れ去られて放置されていたり、道祖神の後ろにつつましく小さなのがドングリの背くらべのように雑居していたりします。

現代人にだって生命は神秘なのですから、昔の人々にとって「生命が誕生する」「増える」ということは、それが動物であれ植物であれ、驚きであり神秘であったことでしょう。そして、切実な願いでもあったでしょう。農作物の豊かな実り、狩りや漁労の獲物の増収への祈りが、これらの行為に現われていると考えられます。

さて、ここは匝瑳市のＪＲ八日市場駅から山側へ直角にしばらく行った小高《おだか》地区です。うっかりすると見すごしてしまうほどありふれた感じの小さな八坂神社があります。でも、ぐるりと拝殿に廻って見るとドウデショウ！　所狭しと男女の性器を形どった石や木が奉納されています。

一番大きなのは江戸時代に奉納され、二〇貫目（七五キログラム）と刻まれた楕円の石製です。頭部は松茸形に彫られてゴロンところがっています。これは、昔力石といって、若者が力自慢大会に持ち上げたり担いだりして力強さを競いあったものです。前面の方にある現代の木製の奉納物は、いかにも現代的な強さを誇示するように歌舞伎の隈取《くまど》りがほどこされて、奉納者の願いの内容を勝手に想像してみると楽しいですね。

ところで、この八坂神社には、勇壮な裸参りの神事《しんじ》が伝承されています。

寒さが身に凍む一月の一四日の夜半、一一時頃から集落の男性約三〇人くらいが、真っ白な六尺フンドシをキリリと締込み、白足袋姿で冷水を頭からザブリ、ザブリとかぶり、またお互いに掛け合って身を清めます。その冷たそうな光景に、私の背中の方で「おーっ、俺この部落のもんでねくてよがったえー」と思わず洩らす声が聞こえました。また一方、「俺はここん者じゃねえけど、ツキアイで去年も今年もかぶるんだ」と集落の枠を越えての参加者もいます。青壮年の姿に混じって、何人か小学校の高学年か中学生かなと思われる姿が見られ、この行事がしっかりと受け継がれていくであろうと確信でき、うれしく感じます。

水垢離《ごり》をとると、集落の中央から神社まで全員で手をつないで駆けて行き、拝殿のまわりを三回ぐるぐると廻って祈りをささげ、またもとの場所まで走って帰ります。背中まで泥を跳ね返らせながら畑の中を突っ切って行く人もまれにいますが、ほとんどの人は手をつなぎあって「オッセ」とも「ワッセ」とも聞こえる掛け声をかけながら、うねうねと曲がった畑の中の道をゆっくりと一筋の帯のように走ります。空には棒で叩いたらキンキンと金属的な音がしそうな、大きな月と星が光っています。

我先に何かを争う勇壮な裸参りとは一味違って、手をつないでいる姿には、いかにも集落の団結、春からの農作業を協力して頑張ろうと約束しあうような、微笑ましく温かい親しさを感じます。

私は、水をかぶる様子も神社での祈りの姿も、両方写真に写したかったので、必死に

現代の奉納物（歌舞伎の隈取りが施されています）

江戸時代に奉納された石

なってカメラとメモ帳をかかえて畑の中の道を走りましたが、ゆったりした「オッセ」「ワッセ」の行進のおかげで両方の光景を撮影することができ大満足でした。

再び集落の中央にもどると、また冷水を浴びたり浴びせたり、ひとしきり水垢離をとり、最後に十文字に包丁を入れた大きな鏡餅が高々と投げられ、これを裸の群れが奪い合います。幸運にもこの餅を手にする者が決まるやいなや、全員ドス、ドス、ドスと足音を響かせながら各自の家に一目散に走って帰ってしまい、観客だけがあたり一面の水たまりと共に残され、身震いをしながら夢から覚めたような顔をして帰ります。

現在のこの神社の信仰は、奉納物に直接象徴されるような「安産」「子授け」「子育て」「下の病全般」など直接的になってしまっていますが、この裸参りを見ると、古い時代にはやはり「五穀豊穣」「村内平安」など、もう少し大きな願いが柱だったと思われます。

疱瘡《ほうそう》（天然痘）と父母の祈り

「みなさーん、腕まくりして自分の肩の近くを眺めて下さい」。最近は、跡の残らない手法がとられていますが、少々年配の方々でそこに種痘《しゅとう》の跡がない人は少ないでしょうね。

種痘は、一七九六年に、ジェンナーによって始められたそうですが、千葉のあたりでは、いつ頃からこの「予防」措置がとられたのでしょうか。徳川幕府が特定の場所を除いて外国との接触を禁止した鎖国の時代であったにもかかわらず、意外に早く伝わりました。ジェンナーが始めてから五三年後の、嘉永二年（一八四九）に入ってきたと言われています。そして、早くもその年の一二月には、佐倉藩の子育方役所は素早く対策を立て村々へ通知書を出しています。

「疱瘡が流行すると、貧富を問わず幼い子供が多数死亡する。しかし近年オランダから種痘という方法が伝来した。佐倉の医師もこの方法を試してみたところ疱瘡は大変軽く済み、江戸にいるお姫様方も軽く済んだので、いよいよ良い方法だと明白になった。藩の医学所の医師が種痘を施すから、希望者は藩の医学所へ連れてきなさい。または、村で相談して人数を集めれば、医師を差し向けてもよい。医師には薬代を支給するから医師に対するお礼など心配しなくても良い」と、至れり尽くせりの文面です。

また、「同じ種痘法という呼びかたで、昔から漢方で行っている鼻の内へ薬を吹き込む方法は、大変害があるので、やってはいけない」とも書いています。

習志野市の鷺沼に伝わる「渡辺東淵《とうえん》雑録」という古文書《こもんじょ》の中から、疱瘡流行の記述を拾ってみると、文政八年（一八二五）一二月から翌年正月にかけて流行し、大変悪性で

天明３年（1783）造立の疱瘡神の祠（千葉市緑区有吉町泉蔵寺）

宝暦６年（1756）造立「土手観世音疱瘡守護尊像」疱瘡神の中で像が刻まれている例は少ない（千葉市中央区生実神社）。

四七人死亡。

　天保六年（一八三五）正月から流行、この時は一人（死亡か）ですんだ。同年一二月から翌年七月にかけて流行。天保九年九月から流行。天保一三年一二月上旬疱瘡のため仁兵衛が最初に死亡、翌年の正月から患者が増え五月頃まで流行。悪性で幼い子供の死亡が多い。弘化三年（一八四六）流行。嘉永二年五月から始まり六月に大流行、翌年の三月頃まで。と何度もの悲惨な流行が記録されています。しかしその後の記録は、嘉永三年正月より馬《ま》加《くわり》村（現千葉市花見川区幕張）で「作痘（種痘のことらしい）流行す、嘉永五年作痘流行す、流行の疱瘡は、はなはだ軽い」と症状も変化するので、人々は新しい医学に飛びつく思いで救いを求めたのでしょう。

安政七年（一八六〇）には、千葉市内の平川町で農民の子供に接種した記録が残されています。その古文書によると、佐倉藩の医師・横田本順と鵜沢正民の二名が平川村に泊まり、近隣村の二歳から一三歳の子供七二名に種痘を行いました。現在の中野町二三名、平川町一二名、高田町七名、和泉町七名、古泉町二名、高津戸町六名、大和田町五名（以上は千葉市内）、大網町（現山武郡大網白里町大網）二名、高倉村（現東金市高倉）七名、武射田《むさだ》村（現東金市上・下武射田）一名の子供が接種を受けています。しかし、それでも大多数の子供は無防備で天然痘の流行にさらされたわけです。高熱を発し、生命を失う例が多く、幸い助かっても、美しい肌の子供があばただらけの顔になってしまうという悲劇の病にかかってしまった時、父や母はどんな思いだったことでしょう。当時の状況では、

病気をまき散らすと言われる老婆を刻んだ疱瘡神（千葉市若葉区大宮町大宮神社）

水に浸した手拭《てぬぐ》いで額を冷し、あとは神仏に祈るばかりではなかったでしょうか。

今でも「疱瘡神」と書かれた小さな石の祠《ほこら》が、神社や寺の木陰にひっそりと佇《たたず》んでいます。この祈りの対象である石碑には二つのタイプがあります。①は病気をやっつける強い神の名前や薬を手にした仏様を刻んでいます。②は病気を撒き散らす厄病神《やくびょうがみ》そのものの名や姿を刻み、ご馳走や酒を供えてなだめるものです。疱瘡を流行させるのは髪を長く伸ばしたお婆さんで、気温が上昇し花の咲く春になると、トボトボとやってくると信じられていましたので、千葉市若葉区大宮町の大宮神社には、満開の梅ノ木に寄りかかり杖をついているお婆さんを刻んだ碑が二つあります。あなたの何代か前のお父さんやお母さんが必死になって祈っていた祠かもしれません。いくつかの実在場所と造立年代を記します。訪れて当時の父母のせつない祈りに思いをはせてみませんか?

北生実町《おゆみ》　生実神社　宝暦六年（一七五六）。赤井町　稲荷神社　天明三年（一七八三）。有吉町　泉蔵寺　天明三年。貝塚町　大六天神社　天明六年。矢作町《やはぎ》　春日大明神　寛政元年（一七八九）。下田町　白旗神社　寛政五年。坂月町　坂月神社　文化二年（一八〇五）。大森町　神明社　文化三年。村田町　神明社　文化六年。中田町　第六天神社　文化九年。都町　諏訪神社　文化九年。加曽利町《かそり》　貴船神社　文化一三年。更科町《さらしな》　稲荷大六天神社　文政一一年（一八二八）。大井戸町　大宮大権現　天保一一年（一八四〇）。谷当町《やとう》　栗嶽

神社　嘉永元年（一八四八）。大金沢《かねさわ》町　六通神社　嘉永五年。高根町　大宮神社（年号なし）。古市場町　熊野神社（裏面を見ることができず年号読取り不能）。

〝名医赤ひげ〟銚子版

何と、なんと……お膳の上に酒の徳利を置き、その上に大きな杯《さかずき》が逆さに伏せられている墓石なんて！

ＪＲ銚子駅からほど近い銚子市春日町の浄国寺というお寺の、無縁墓を集め、少し高く土を盛り上げた塚の中にひときわ目を引く、こんなユニークな型の墓石があります。

私が訪れた日、この墓石の前には、ワンカップの酒、紙パックの酒、湯飲茶わん、おちょこ、缶ビールとさまざまなアルコール飲料が並び、供えられた花の色も鮮やかでした。

この墓の主は鈴木玄庵というお医者さんなのだそうですが、どこの生まれか、どんな経歴の持主か、なぜ銚子に来たのかなど全くわからず、記録に残る物は何もないのだそうです。ただ、語り伝え言い伝えられた話が残っているばかりです。

玄庵は飯貝根《いがいね》という町の、とある家に客人としてとどまり、医者を生業としていました。

杯の笠をかぶった玄庵の墓石

診察を乞う人があれば、誰でも気安く診療しましたが、一つこだわりがあり、大金持ちの家には大金を積まれても決してゆきません。そのかわり、貧困者や一般の庶民には親身になって治療に当たってくれました。謝礼や薬代もあえて請求しません。支払いはその人その人の支払能力に任せました。ですから、漁民は漁の網を上げると新鮮な魚を持って走って行く、農民は野菜や芋などを収穫すれば初物をいち早く運んでゆくという具合でした。酒をこよなく愛した人だったので、好物の酒を運んだ人も多かったそうです。

玄庵の方も心の友として、こうした庶民との交わりに生き甲斐を感じていたようです。

墓石の正面には戒名と建立年月日が「確猷玄庵居士」「天保十二辛丑春　閏正月廿八日」と彫られています。側面には鈴木玄庵とあります。普通側面は建立した人の名が刻まれる場所です。きっと玄庵先生は自分の発案で、生きているうちに自分の墓石を建てて自分の愛してやまない「酒徳利」「おちょこ」「お膳」を組み合わせた一風変わった墓石を造って悦に入っていたのでしょう。私たちが亡くなった人を葬る時、尊敬する人であればあるほど、いかに好物であったといっても、こんな遊び心いっぱいの墓石は建てられませんものね。

彼が何者かは一切不明ということですが、当時銚子にはこうした「流浪の人」が住みやすい状況があったようです。八年ほど以前、私がこの寺に行くために千葉を出た時は、霏々《ひひ》として雪が横なぐりに降っていたのに、途中列車の窓は雨に変わり、銚子に着いた時には温かく薄日が射していました。この温暖な気候は、他国から流れて来る人にとっては、過ごしやすく暮らしやすいありがたい一条件であったことでしょう。また、私は昼食を駅に近い小さな食堂でとりましたが、そこには何人かの主婦が、忙しい合間を縫って食事に来たら偶然会ったらしく、おしゃべりしていました。自然に耳に入って来る会話の一言「いぐら働いてもよー、金をもってあの世さいげねぇべ、だがら他人の寝ている間もはだらいで、儲《もう》がったら、ジャーッと使うだよ」が、おおらかでこだわりがなく、他国の人も気軽に受け入れる響きを持っているように聞こえました。『銚子湊昔絵がるた』という本には「〝銚子に潜む度し難い自由無頼の気に〟さまざまな人が人生の漂着地として銚子を選んだ」と書かれています。

それに加えて、「遊女屋とトイレの汲取権」に書いたように、多くの船が銚子湊を出入りし、近くの村の飲食店や遊廓が賑わい混沌とした中に、お尻を据えてしまえば溶け込んでしまえる、仕事や空間があったのでしょう。江戸時代の川柳の中では、「銚子に居る」という言葉で、「遊びが過ぎて勘当された者が、流れて来て住み着いている」という情景を表現しているそうです。このように温暖な気候条件に支えられた明るい気風が、玄庵のような人を気軽に受け入れ、彼もまた底抜けにそれらの人々を愛し、えもいわれぬ交流が生まれたのでしょう。

そして、墓前に並ぶアルコール飲料の数々は、単に彼が酒好きだったから供えた……というのではありません。実は、飲みすぎで人生を誤ってしまいそうな人々やその家族などが玄庵の墓に祈れば、願いがかなえられると信仰されているのです。玄庵に寄せた庶民の信頼感が「たのめば何でも力になってくれる人」という期待となり、「酒を愛した人」の墓が「断酒」の願がかなう墓になってしまったようです。

でも現在に伝わるぐらい酒が好きで、こんな墓石まで造ってしまった人に頼んで、酒を絶つことができるのでしょうか？　私には「酒は良いもんだぜ、まあお前さんも愚図ぐず言わずにチーット大目に見てやんなさいよ」なんて逆に説得されそうな気がするのですが……。私は、先生に説得される前に充分好きですけどネ。

記録に残るものは何もなくとも、この墓は何がしかのマスコミの情報に乗って、酒を絶ちたい人、身内の人の酒癖を直したい人など、遠くからも問い合わせがあるそうです。ご住職は、「今日も、富津からと福島から問い合わせの電話がありました」とおっしゃっていました。

天明様

香取市米野井の共同墓地。それは、いにしえの人々の踏み跡・古道のかたわらを切り開いた小さな小さな墓地です。その入口左側に小さな仏像を刻んだ墓石があります。この墓は家号「よえもん」さんちのもので、墓地を訪れる全ての人がこの墓石の前を通らなければならない位置にあります。

墓石には『安養院寶蓋蓮光信士』と刻まれ、建立者は高野清治右衛門、時は『天明四甲辰九月二日』です。この高野家に生まれた「つる」さんは、この石にまつわる幼い時の記憶を著書『利根のみえる丘』の中に次のように書いておられます。

明けて三月二四日は彼岸《ひがん》のあけ日である。そして古愛井《こめのい》では戸田明神《みょうじん》の例祭《れいさい》の日であった。神楽《かぐら》のたいこが鳴りだすと、かよはもう飛び出してしまった。

家の中では、万才《まんざい》から来る客のために、祖母《そぼ》も母も釜屋《かまや》でいそがしかったので、みねは曽祖母《としょ》について墓《はか》まいりにいった。

墓地《ぼち》はにぎやかであった。

「お早うございます。なんつういい彼岸であったこどなェ……」

「ほんとに静がないい彼岸であったこど」

みな、口ぐちにあいさつをかわしている。

みねが竹筒《づつ》に水を入れると、みねと曽祖母がつばきの花と沈丁花《じんちょうげ》の花をまぜながらさしていく。花あげがすんで、みねと曽祖母が線香《せんこう》をあげていると、

「ホウ！　いい匂《にお》いだど思ったら沈丁《じんちょ》だねぇ、清ェ門《せぇもん》の曽祖母《としょ》さん」

といいながら、みねの家の墓に線香をあげている。

みねが見ていると、どの人も帰りぎわに、花や線香をあげている。曽祖母はそれに対してただ「おおきに、おおきに」と、いうだけであった。

「曽祖母さん、みながおら家《え》の墓さ、あげでくれんのは、おたげえこか？」

とみねがふしぎに思ってたずねると、そこへ作兵ェ《さくべ》の曽祖母がやってきた。そして、

「おう清ェ門さんら、曽孫《ひまご》どいっしょでええな」

といって、やはり線香をあげたのが、みねの家の墓だ。それもいくつもある墓の中で、きまって一つの墓石だけにあげられるのだった。ふしぎに思ったみねが曽祖母にその訳をたずねると、

「みねや、おれよりよっぽどそのこと知ってる人が来たがらよ。作兵ェさんや、おら家《え》のみねに、みながこの墓さおまいりするわげ、語ってやってくれや……」

「そうがや、おらあ、おめえさんより知ってるつうわけではねえけんどよ。嫁に来てはじめての墓参りのとき、おら家《え》のおじいさんから、清ェ門さんとごのこの天明さまのこど、くわしぐ聞かされだもんだ……」

この作兵ェの曽祖母が語るところによると、天明さまとよばれるこの墓の主《ぬし》は、高山清右ェ門という人で、あの、世にもおそろしい天明の大ききんの年、自分の米倉を開いて古愛井の村人を救《すく》った大恩人《おんじん》であったということだ。

作兵ェの曽祖母は、さらに話しつづけた。

「……それから、とんだことが起こった。天明さまは、その年、役人《おがみ》から来年作づけするだいじなもみ種《だね》ばあずかっていだだど。そしたところが、その倉さもみ種ぬすみに入ったやつがあってな、天明さまはその盗人《ぬすっと》ば釜屋《かまや》(筆者注・ご飯をたく所)さ

つれでいってなや、なべの底《そご》すぐって食わせだど。そしたら盗人は口さ入れるより早ぐぺっと吐き出してしまった。なんでかつうど、木の根草の根にひとにぎりの麦を混《ま》ぜたかゆの中に、赤土が混《ま》ぜてあっただと。盗人は『春になったらもみ種《だね》わげるからがんばってくれ』とさとされで、泣ぎ泣ぎ帰って行ったど。そんで近所の人にも語ったど『あそこの家にはまあだ米があるかと思ったら、おら家えよりひでえ土食《つぢく》ってだ』て、それまでして、倉の米を全部分けてくれただもの。この清右ェ門という人は神様だ。だから天明の大ききんば忘れねえように天明さまて云うだと、わがったがや」

作兵ェの曽祖母は、ひととおり語り終えると、もう一度天明さまに手を合わせた。

江戸時代、享保、天明、天保など大飢饉が何度も起こりました。その中で天明期の飢饉について、『山田町史』は次のように記載しています。「天明の大飢饉は天明三年にはじまる。天明三年は三月頃までは異常な暖かさであったが、四月に入ると霜が降ったりして寒くなり、五月中旬ころより長雨が続き、二百十日頃までに晴れた日は二、三日にすぎず、異常な寒さであったという」

天明期の米野井村の収穫状況がどうであったのかを示す資料は、現在のところ発見されていません。そこで近隣の村の記録から推察してみましょう。

小笠原長和氏の論文によると、天明三年に小見川藩が支配下の二五ヶ村から徴収する年貢（税）は約九四〇〇俵でした。しかし、三七％に相当する三五〇〇俵を「不作の為納入しなくてもよい」と差し引いています。藩の台所事情だって火の車なのに、四割近くの税をあきらめたのですから、村々の田畑はものすごく酷い状況だったのです。

また、仁良村（香取市）の例では、天明三年の年貢を五三〇俵納めなければならない内、五三％に当る二七九俵が不作のため免除されました。しかしそれでもなおかつ、七一軒あった百姓の中で四一軒が年貢（四二俵）を完納できませんでした。

こうした窮状にあった庶民に対して、支配者側では、年貢の減免をしてはくれましたが、自分たちの食料は自分たちで確保しなければなりません。

天明様と高野つるさん

天明二年、上小堀村では、年貢を完納できない百姓が処罰されています。罰を受けることがわかっていても、同五年同村の七二軒の百姓のうち五軒の百姓が、あと三四俵の年貢を納めることがどうしても出来ませんでした。彼らは「私共の村は、大変な不作のため年貢が完納できません。田も畑も売り払って（質に入れる）納めようと思ったのですが、誰も同様の状況なので買い取ってくれる人もいません。ですから田畑を全部お返ししたい（土地の所有権は徳川幕府にあった）」と村役人に耕作権の放棄を申し出ているほどです。またこの五軒の他に、家も田畑も投げ捨てて、どこか他国へ一家で逃亡してしまった家が四軒もあるというのです。

米野井村の場合も、記録が残っていないだけで、これらの村と同様な状況に追い込まれていた事は間違いありません。天明様はこうした村人の窮状に胸が潰れる思いだったのでしょう。そして、高齢、栄養不足、衛生状態の悪さに加わった心労のせいで（私が勝手にそう思っているだけですが）、翌年の九月に八一歳で亡くなってしまいました。この時八一歳だったということは、もう家督は息子に譲っていたことでしょうし、妻は天明様に一〇年遅れて亡くなっていますから、家族はたくさんいたと思われます。天明様が食事に泥を入れて増量した粗末なもので我慢し、村人に米を施そうとしたのは、一家全員が賛成してくれたから実行出来たのでしょう。立派だったのは一人天明様だけでなく、家族全員だったのです。

私は、天明様たちが泥土をまぜて増量した粥をすすりながら、自家用の蔵の米を与えて人々を救ったのが事実であると、どうしたら証明できるだろうかと悩みました。でも、米野井の墓地を訪れ、お墓にお参りしたとたんに晴々とした気持ちになりました。この文章の最初に記した戒名を見たからです。人を安らかにする「安」、食べ物を与えて育てる「養」、飢えには金銀よりも米が「宝」でしょう。「蓋」の文字は米を貯蔵していた蔵の扉を開くと解釈するか、或いは苦しんでいる人々を優しくおおって守るとも考えられます。こうして村人に「光」をもたらす、まさに天明様の情深い人柄と生前の善行を戒名が語っていると思えたのです。そして戒名は墓石だけでなく、徳星寺に現存する天明期の過去帳にも明確に書き残されています。

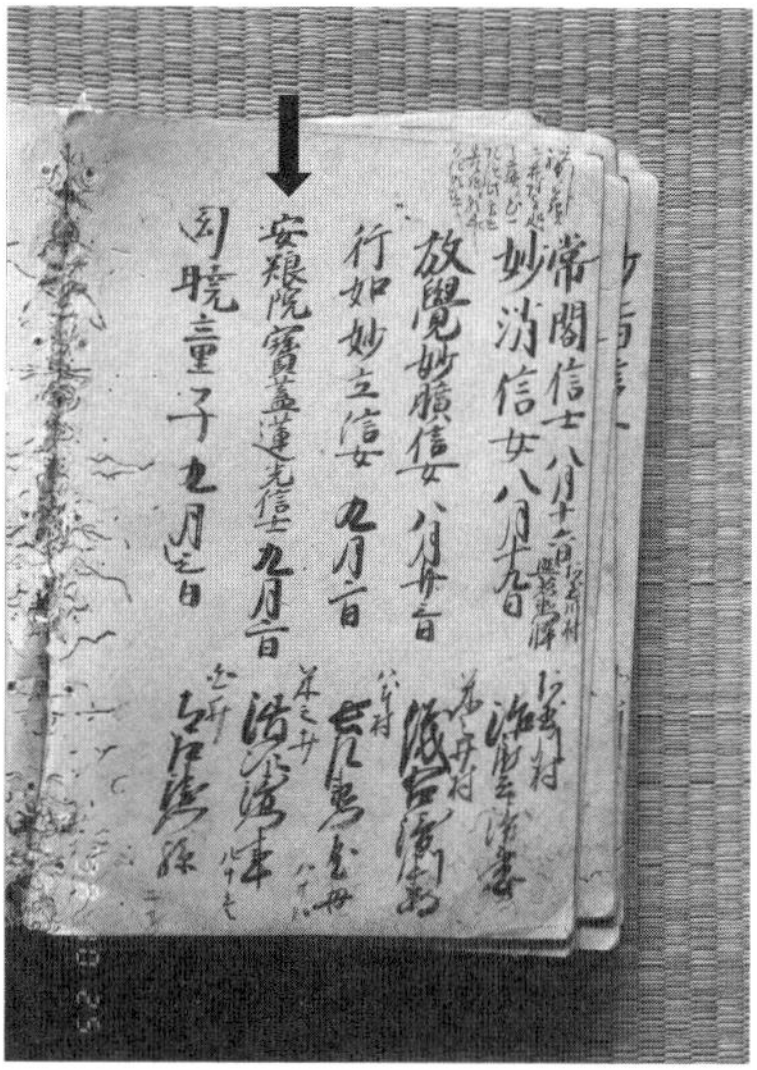

徳星寺に残る過去帳の記載
（矢印が天明様の戒名）

天明様は、墓地の入口に座って、現在も訪れる集落の人々の生活が「やすらかであれ」と静かに見守ってくれているように見えます。しかし、年月が重なり、お年寄りが一人減り、二人減りし、口伝えで物事が伝承される機会が少なくなった現代、天明様にお線香を手向ける人もなくなってしまいました。

生活が厳しければ厳しい程、自然が過酷であればある程、昔の人々は「ひとの情」で支えあって苦しみを凌《しの》いで来たのでしょう。豊さの中にどっぷり浸かったといわれる現代でも、不作の年もあり、地震・洪水などの天災、形を変えた病気や公害、大気汚染の苦しみも降りかかって来ます。私は、「人が人を支えあう優しさ」を次の世代にも伝えたいと思います。

夢と愛に生きた男　秋廣平六

寛政一〇年（一七九八）、秋廣平六は大島の波浮《はぶ》港の工事に必要な資金や資材の見積もりをしていました。平六が徳川幕府に提案していた港口の開削工事が幕府の事業として行われることになったからです。

彼は、宝暦七年（一七五七）に上総国周准郡植畑村（現君津市）の山中家に生まれ、市宿の秋廣家の養子となった人です。千葉県生まれの彼が、伊豆大島の波浮港を開いたのだと知った時、私は驚いてしまいました。だって私は、波浮港は昔々からある天然の良港だと思っていましたから。そして房総の山間部に生まれた彼が、なぜ海の真ん中の大島の湊の工事をしたのか、ムクムクと疑問が湧いてきました。

彼の故郷「市宿」は、房総半島の中央部から江戸湾に流れる小糸川の上流部にあります。粟倉、市場などと共に村の中に河岸《かし》という川の港があって、そこから近隣の木材、薪、木炭を、筏《いかだ》や船で江戸に送っていました。流域に残る古文書によると、寛永六年（一六二九）から、下流の大堀村で、川を船で下って来る荷物に対して十分の一運上という一〇％の税を徴収するようになっています。

正徳二年（一七一二）には、江戸深川の京屋善蔵が運上として薪を一年間に一万一〇〇〇束も幕府に納めて小糸川を下る荷物を一手に扱っています。平六もこうした小糸川の荷物輸送にたずさわって、江戸に出たのでしょう。

平六は後に大伝馬町一丁目の商店の庄次郎と義兄弟の契りを結んでいます。「櫛屋《くしや》平六」と書かれた記録もあるので、櫛の材料であるツゲ材の輸送が縁だったのかもしれません。三二歳になった寛政元年（一七八九）、御蔵島《みくら》のツゲ材（およそ二〇〇〇両）を、この義兄弟の「庄次郎」と下田町の島屋吉右衛門にも扱わせて欲しいと幕府に出願しています。この願書には、幕府代官・江川太郎左衛門の添書を付けている程ですから、なかなかの手づるを握って活発な経済活動をしていたと思われます。しかし、残念ながらこの時は、幕府が認可した「島問屋」だけが荷を扱えるという制度を突き崩すことはできませんでした。

一方幕府は、明和・安永の頃、伊豆七島島民の生活改善を実施しています。この頃の伊豆島々の年貢（税）の未納額は大変なもので、『八丈実記』によると、明和六年（一七六九）の時点で、八丈島と小島の二島は、飢饉《ききん》のために幕府から借りた食糧代金の返済残が一〇二二両もありました。幕府はこの莫大な借金を「返済しなくてよい」とします。しかし毎年八四両余を取立て、

①そのうち三四両余は非常の時の島民の食糧用として米や麦などを買入れる。
②五〇両は伊豆の国その他の村々へ利息一割五分で貸付ける。
③②の元利金が一〇〇〇両になったら、利息の一五〇両を毎年穀物を買う資金や百姓のために使用する船一艘の建造費に当てる。

という救済政策を実施しています。

そして天明期には役人を派遣して、無人島（小笠原諸島）探検・伊豆の島々の巡察など現地調査を行いました。無人島探検は、まず天明元年（一七八一）四月、佐藤玄六郎と吉川儀右衛門の二人が六〇石の船で江戸を出発しました。探検は極秘にされていて、出発直前まで乗組員にも知らされませんでした。船乗り一同が集められ、初めて目的が無人島探検であることを知らされると、船頭である八丈島の山下与左衛門、服部源蔵など乗組員は皆ビックリして大騒ぎになりました。でも「万一の時は、残された家族の面倒を幕府がみ

る」という条件でしぶしぶ出帆したそうです。

やっと出帆したものの、航海も大変でした。タケノコ島を過ぎたあたりで大風に逢い、なんと紀州の浜（和歌山県）に漂着。そこで一旦下田に戻り再挑戦ですが、またもや八丈島の近くで大風に逢い土佐（高知県）に流されてしまったので、探検は中止となりました。この失敗の本当の原因は、探検に行きたくない船乗り達が、夜になると勝手な方向に船を操ったからだという噂もあったそうです。

これ程内密に計画された探検なのに、実施前に「無人島の草木の状況を知りたいので探検にぜひ参加したい」と申し出たのが秋廣平六、二五歳の時でした。彼は、「相模の国の浦賀表でこの計画を知り、どうかお供させて下さいと色々お願いしましたが、許可されず、むなしく帰ってきました」と回顧しています。浦賀は当時船が江戸湾に出入りする時、必ず立ち寄らなければならない海の関所でしたし、あれほど極秘に扱われた探検を前もって知ることができたのですから、船に関係する仕事をし、ずいぶん幕府の情報を知り得る立場にいたのだと思われます。

無人島探検参加を断られても平六は夢を抱きつづけ、それから九年後の寛政二年（一七九〇）に、幕府の医者・田村玄長が伊豆七島を調査すると聞くと、すぐに案内役を出願します。伊豆近辺の事情に通じている事や航海の技術に詳しい事が幕府に認められたのでしょう、今度は案内役として採用されました。

玄長は寛政四年に幕府製薬所を任《まか》された医者で、製薬所の開設準備のため寛政二～四年にわたって七島の産物の調査、輸入植物の試作、薬草採取などをしたのです。この時平六は新しい農作物である馬鈴薯（ジャガイモ）を知ったようです。この馬鈴薯栽培を普及させれば農民の生活が楽になるし、飢饉の被害も軽減できると考えた時、彼の脳裏に故郷の人々の生活が浮かんだのでしょう、故郷房総に馬鈴薯の作付けを伝えています。彼の故郷に対する暖かい心を私は感じます。人々もその恩恵を忘れないためでしょうか、この芋を「平六いも」と呼んだそうです。

玄長との旅から帰ると、チャンスさえあれば誰彼となく伊豆七島に関する自分の考えを述べたと平六は記録しています。帰国まもない寛政五年の春から秋にかけ、今度は幕府の役人（普請役小俣藤九郎と代官の手代高橋次太夫）が伊豆七島の検分を行うことになり、案内に平六が採用されました。

検分の目的は、税の徴収方法を再検討するために畑地をキチンと測量する事が主目的でした。同行した平六は、幕府役人の測量技術や村人とのかけひき等をつぶさに目のあたりにしたのです。土地の測量の他には、新しい畑を開く事、島の産物の調査、新しく産物に採用できそうな品の検討・指導なども行いました。八丈島では、「炭焼技術を指導したら島民の生活が向上する」という発案に、島の五ケ村のうち、大賀郷、樫立、中之郷が習得を希望したので、平六が技術指導を行いました。

八丈島の炭焼が大いに成功したからでしょう、翌寛政六年、今度は御蔵島島民が炭焼技術の指導者を世話して欲しいと幕府に出願しています。安永三年に書上げた記録に、大島と御蔵島の二島は「炭が必要な時は、必要な分だけ埋焼にした」「炭竈《がま》は無い」と書いていますので、従来は必要な時稚拙《ちせつ》な方法で作っていたのでしょう。この島民の希望に応えるべく平六に二人の技術者がついて指導に行くことになりました。この時、平六の家族には八ヶ月分の玄米代として金六両が支給され義兄庄次郎に託されています。彼の派遣は幕府の役人同様の扱いだったわけです。

でも、彼は役人としてのうのうと安楽に着任したのではありませんでした。大きなリスクを背負いながら、一途に島民の幸せを願っての行動だったことが、彼の入れた次の證文でわかります。

①江戸の商人・近江屋喜左衛門の手元にあるツゲの代金の中から、炭焼諸道具の購入費用と三人の八ヶ月分の食糧代として、八二両余を受取る。

②そのかわり、平六の親類が浅草に所有している間口六間・奥行き二〇間（一三〇両）の町屋敷を質地として差入れる。

③もし炭焼が事業として成功しなかった時には、この町屋敷は喜左衛門の所有となる。
④不慮の事故等で平六が死亡した時は不問にされる。
⑤炭焼技術を島民が習得して成功した暁には、平六と職人二人は手を引き、島民と喜左衛門が直接取引する。

という条件です。このように平六の親戚の店を抵当に入れるというリスクまで負いながら島に渡るにもかかわらず、島民が技術を習得したら事業から平六自身は手を引くというのです。彼が裕福になる事は全く望まず、ただただ島の人々の生活向上を願っていることがよくわかります。

彼は二人の炭焼職人を連れて着任し、集落から二キロメートルほど離れた、御山《みやま》の中腹で指導しました。その場所は今でも「平六山」と呼ばれています。ここで興味深いのは、平六が生まれた頃、彼の村に相模国足柄下郡鍛冶屋村の人で炭焼の技術に詳しい土竈《どがま》半兵衛と呼ばれた男が現われている事です。半兵衛は炭焼竈に改良を加え、上質の木炭製造を指導しました。彼の指導により、この近辺の木炭の産出量が増大しています。平六が一五歳の時半兵衛は死亡していますが、当時の一五歳と言えばもう一人前の働き手です。平六が直接か間接的かわかりませんが、当然土竈半兵衛の高度な炭焼技術を受け継いでいたのだと思います。

御蔵島での指導が実り、寛政七、八年と木炭産出による収入が増えて島民が喜んだと彼は書き残しています。

平六は炭焼の他に、ツゲの木の出荷方法も改善しました。木材加工機を義兄伊勢屋庄次郎を通じて購入し、従来は丸太のまま出荷していたのを改め、付加価値を高めたのです。ここでも彼の心にはいつも「島民がより幸せになるように」との思いがあったように私には思えます。

江戸幕府は早い時期から、伊豆七島を「罪人を送り込む島」と定めたため、一般の人の出入りが厳しく制限されて来ました。島へ往来できる船は、幕府の「御用船」と幕府が認可した「廻船」だけでしたので、島の乾魚、鰹節《かつおぶし》、薪《まき》、木材などの産物はすべて指定された問屋・大島屋庄右衛門と島屋作左衛門の二軒しか扱えません。したがって、暴利をむさぼることも思いのままでした。

収入を何とか増加させたい幕府にとって、島問屋が揚げている莫大《ばくだい》な利益は大きな魅力だったことでしょう。寛政八年に島問屋の独占的な制度を廃止し、江戸鉄砲洲十軒町に広さ六〇〇坪の伊豆七島嶋方会所が造られました。各島の廻船は皆ここに立ち寄る義務を負わせて、積荷の二〇%を税として徴収することにしたのです。

御蔵島ではこれより先立つこと二年、寛政六年一一月に島問屋の営業が禁止された上、一〇貫文の罰金を課されています。これらの変化は、平六とけっして無関係ではなかったと私は思いますが、詳しい事は分かりません。

島問屋の独占的取引であった頃の御蔵島の様子を平六の記述によって見ると、『家数二八軒・人口二〇〇人程であったこの島で、生産される穀物は麦が一石七、八升程、と粟が僅かにできる程度である。二軒の島問屋を通じてツゲの木を出荷すると島民に渡される収入は、一年間に、男一人に対し、麦一斗二、三升・米四、五升・タバコ一束しかない。女は、これよりもっと少ない。だから島民の食料は、アシタバを常食とし、春はヘンゴという根によもぎを混ぜて餅にし、秋はカジという蔓《つる》の根を掘ってヨモギと混ぜて食っている。衣類は、摺《す》り潰した大豆と鍋墨でねずみ色に染めたひとえものを年間通して着ていたが、寛政六年（平六が炭焼指導に来た年）に、初めて紺染の綿入れ五〇余りをもらって男は着ることができた。本当にありがたい事である。鰹節や乾物も、島問屋の言いなりで、取引帳簿さえ無いというありさまであった。従って日用品は極端に不足し、食物の不足で死亡する者もあって、嘆かわしく思っていた』という状況でした。

それが嶋方会所を通じて取引をおこなうようになると、何でも高値に取引されるようになりました。『以前は干物や鰹節など船一艘分出荷しても三〇〇両にならなかったのに、八〇〇両にもなり、島民一同ありがたく思っている』と、実に三倍近い増収になったのです。

一方、会所が出来ると同時に島関係者専用の旅宿《はたご》・「島宿」が定められ、島関係者は江戸滞在中全員この一軒の宿に宿泊しなければならなくなりました。他への宿泊は厳禁です。その上、買物も全て島宿を通じて購入しなければならないと決められたのです。この島宿の経営を委託された者こそ平六の義兄・伊勢屋庄次郎でした。このあたりには、平六の政治の裏側に才腕を振るう一面も見え隠れします。

寛政八年(一七九六)、御蔵島での仕事を終えて江戸に帰る平六を島民は慕い、しきりに引き止めました。「島の人々が八月まで滞在するように、強く懇願するので、八月下旬まで滞在期間を延ばして下さい」と幕府に申請した記録が残っていますが、実際には七月に御蔵島を離れました。島で炭焼の指導をした二名の技術者には、一年に一〇両の給金が支払われましたが、平六自身は金銭は一切受け取らず、食料のみ世話になったそうです。

江戸へ帰るにあたり、島民は深い感謝と共に、「帰国する船に乗せてツゲの原木を三〇本贈る」と申し出ましたが、平六はあまりに高価であると辞退しました。そこで再び島民は「今年の春から作った鰹節を全部贈る」としましたが、これも彼は断っています。しかし、「将来もし平六が無人島の探索を実行する時があったら、その費用の一部を御蔵島物産の売上金の中から補助する」という島民全員の印鑑を押した書類は喜んで受けましたが、江戸へ帰ると幕府の役人を通じて返却しています。自分の利益を好まず、何よりも島民の幸せを願う心をひしひしと感じますね。

平六は江戸に帰るや、またまた無人島探索をさせてくださいという願書を寛政一〇年までに三回も提出しています。未知のものに対する彼の強い好奇心、探究心、あこがれは並大抵のものではなかったのです。

そしてまた、同時に波浮湊の工事についても提案していました。その要点を挙げると、

①大島やその他諸国の廻船が難風を凌《しの》ぐことができる。

②湊のそばに新畑を開き民家を置くと漁業稼ぎができ、江戸への輸送は伊豆や房州より便利である。

③湊の工事に莫大な経費がかかるように見えるが、完成したら湊を利用する廻船から帆一反につき一〇〇文ずつ徴収すればいずれ回収できる。

④湊の山でかがり火を焚けば、島々や諸国の廻船が助かる。

というものです。

無人島探検よりも、この提案の方を幕府は事業として採用しました。そこで寛政一〇年五月、平六は「波浮港掘割書面及諸道具見積り帳面」を提出したのです。彼は以前幕府の医師・玄長の伊豆七島調査に随行した時、すでに波浮湊口工事を見積もっていました。

波浮の湊は火山の爆裂火口の跡で、もとは淡水の池でした。元禄一六年（一七〇三）の大地震の津波で海側の岸壁が崩れ海とつながり、小舟や漁船ならば出入りできるようになっていたのです。しかし入口付近の水深は浅く、風を避けたい大きな船は積荷を一旦湾の入口で下ろして空船《からぶね》で湾内に入り、風向きが変わると外に出てまた荷を積むという具合で、大変な労力が必要でした。

そのため、大島沖を通って海の関所・浦賀に入港しなければならない廻船は、風向きの悪い（当時の船は一枚しか帆がないので、後方からの風が無いと駄目）時、伊豆の下田港まで行き、戻って来る風が吹くまで待っている状態でした。もしこの波浮の湊が利用できれば、距離が大変短縮されるわけです。それまで空想する人はいたかもしれませんが、具体的に工事に必要な費用の算出や工事方法を考えられる人がいなかったのです。

平六の見積書によって工事の規模を見ると、工事の総経費は七五九両。掘割を行う岩礁の長さは約二七メートル。横幅一五メートル・深さ五メートル。延べ人足数は一万二千人、（費用二万四千貫文・一人一日二〇〇文）、鳶職代一〇〇両（一〇人）海士賃二〇両（二人）。その他に、石船、ひらた船、神楽桟、刃渡り三尺（九〇センチ）の石ノミなどが必要とされました。

見積書が提出された五ヵ月後の一〇月、幕府の役人二人に平六が現地説明をしました。

その結果、経費総額は九八八両と増額され、掘割の長さ二九メートル・幅二一メートルと決まりました。これと同時に、平六は湊工事と併《あわ》せて波浮の土地を開拓する大構想を展開します。工事に使用した小屋や諸道具をそのまま払下げてもらい、船から湊の使用料徴収、維持管理をしながら新しい村を作ってゆくというものです。

①波浮の入江近い二町歩（二ヘクタール）余を開発して近隣の漁民の二、三男で土地を所有していない者を移住させて一〇〇軒の人家を仕立てたい。

②字《あざ》「おはちのひら」七町七反余をその者たちの野菜畑にしたい。

③湊が完成して、諸国の廻船が入港するようになったら、船から一〇〇石につきいくらと決めて冥加金を徴収し、定期に湊の浚渫《しゅんせつ》を行う。

④廻船の目印として、常夜燈を立て、その油代金も③の冥加金で賄《まかな》う。

これ等の構想は幕府に認められて、寛政一一年一一月二八日に、「波浮入江掘場浚御普請ならびに新湊取立出百姓取斗《とりはかり》方一式引請人」となったのです。つまり湊の工事を行い、完成の後には波浮湊の運営を取り仕切り、同時に平六自身の負担で新しい村を作るのです。

さっそく、相州浦賀吉井の幕府の御用林から用材を伐《き》り出し、石船四艘、ヒラタ船二艘などの建造が始まりました。翌寛政一二年二月、秋廣平六一家は江戸を離れて大島波浮に移り、船に居住して、湊口の掘割工事の開始です。工事にはいろいろ苦労があったそうですが、八月には見事掘割工事が終了しました。しかし、この季節から海が荒れ始めるので、浚渫工事は翌年にまわされ、享和元（一八〇一）年に全ての工事が終了し、幕府からはご褒美《ほうび》も頂きました。恵まれた自然条件の上に人の手も加わった波浮の良港が完成したのです。

次は、休む間もなく全く何も無い波浮湊の近くに「波浮村」建設の開始です。これほど力量のある彼の事ですから、江戸に帰る道を選べば、何不自由ない生活が待っていたはずです。それなのに彼はなぜ湊工事の許可と同時に、苦労が伴うとわかりきっている「新しい村建設」の許可を申請したのでしょうか。しかもこの時も平六の親類の広大な土地が質地として差入れられ、うまくいかない時は取り上げられることになっているのです。

私は、過去に繰り返し押し寄せた悲惨な飢饉の惨状を見たり聞いたりするたびに、平六の心が痛んだのだと思います。常に民衆を愛した彼は、「飢える人のいない理想の村」建設を夢みていたのではないでしょうか。

幕府の役人などの立会いで差木地村との山境・磯境を決め、平六一家は移住しました。やがて役人も工事の人足も全て引上げてしまうと、ポツンと彼の一家だけが取り残され、「隣村と言っても一里も隔たった所で、とても淋しかった」と平六は述懐《じゅっかい》しています。それでも二反歩（二アール）程を耕し、一斗の麦を蒔《ま》き付け一石八斗の収穫を得、他には里芋・さつま芋を五〇俵程収穫して、新生活の出発です。

やがて港の崖の上に、土地を持たない島の次男、三男などを入植させました。必要な費用は平六の負担です。最初の入植者は上総市宿にいた平六の姉の息子秋廣伝吉で「山口」「コウトシ」と呼ばれる地を開拓。次に七人株と呼ばれる野増村の吉村権八、玉置甚八、吉本紋助、菊地次郎兵衛、秋田五郎作と、八丈島樫立村の秋野与助と三宅島阿古村の沖山吉五郎の七軒が入植しました。

当時の大島は、浜方と呼ばれる新島村と岡田村だけが廻船と漁船を所有する権利を独占していて、他の野増村、差木地村、泉津村は山方と呼ばれて船を所有する権利はありません。そんな状況の中で、平六は漁船を所有する権利を認めてもらい、浜方の村との入会《いりあい》ではありましたが、漁業権を獲得したのです。これが後に山方の村々も漁船を所有できるように変わって行く発端《ほったん》となりました。

人々はさらに、オタイノヒラ七町七反歩と差木地村内のカタヒラを薪山《まき》として給付され、漁労にも従事しながら開墾を行い開発を進めました。波浮湊を利用する船が増加してくると、八丈島、新島などから入植する者が増加して村も繁栄してゆきました。

平六は年来の夢を見事に果たしたといえるでしょう。無人島ではありませんが、「無人の地」に立派な村を建設したのですから。

秋廣道郎さんのご案内で、平六から七代目のご当主・秋廣平八郎さんのお宅に古文書を拝見しに伺ったとき、平六の未知のものに対する強烈な冒険心・探究心に肌で触れたような感覚を覚えました。文書をめくりながら写真を撮っていると、その中に北海道や樺太の絵図があったからです。道郎さんも強い口調で「樺太の絵図ですね！」とおっしゃいました。なんと、平六は北の大地・北海道や樺太の開拓まで視野に入れていたのでしょうか？平六に若さとあと何十年かの人生があったら、日本の北の果てにも彼の足跡が残されたかもしれません。

彼は文化一四（一八一七）年四月二二日、波浮で六一歳の生涯を閉じ、波浮の旧墓地に今も静かに眠っています。墓石には「妙法安楽院貞祖日栄居士位」と刻まれ、東京都の文化財に指定されています。

秋廣平六の生涯

宝暦七（一七五七）生まれる
天明一（一七八一）二五歳 無人島探検に参加を希望
寛政一（一七八九）三三歳 庄次郎義弟としてツゲ材取扱を申請

寛政二　（一七九〇）　三三歳　田村玄長と伊豆諸島を旅する
寛政四　（一七九二）　田村玄長、幕府製薬所の管理を委託される
寛政五　（一七九三）　幕府役人の伊豆七島検分に同行し測量、産物
調査
寛政六　（一七九四）　炭焼の指導に御蔵島へ行く
御蔵島民初めて綿入れ五〇着余を貰う
一一月　御蔵島の島問屋営業禁止
寛政八　（一七九六）（鉄砲洲）　嶋方会所開設　島宿は義兄伊勢屋庄次郎が指
定される
七月　平六、御蔵島を離れる
寛政一〇（一七九八）までに　三回も無人島探索を出願
かねて提案の波浮港開削工事着工の見通し立つ
五月　工事見積書を出す
一〇月　役人が現地説明を受ける
寛政一一（一七九九）　四月　平六が一式請負人に仰付けられる
一一月二八日　平六、「伊豆国附大島波浮湊掘割浚御普請并《ならび》
人家御取立」御請證文提出
寛政一二（一八〇〇）　二月　平六一家大島へ移住
八月　ほぼ工事完了

享和一（一八〇一）　全ての湊工事終了幕府の検分も済む

文化一四（一八一七）　四月二二日　六一歳　生涯を終わる
波浮村建設にかかる

異国の船乗りと振袖

安永九年（一七八〇）五月二日、養老渓谷に程近い筒森《つつもり》村の名主・永島勘左衛門さんは草鞋《わらじ》の紐《ひも》をキリリと締め、脇差しを帯にズイッと差し込むと、房州の先端に近い南朝夷《あさい》村（現南房総市）へと急ぎました。「南京《なんきん》（中国）の船が漂着《ひょうちゃく》したので、すぐ来るように」と呼ばれたからです。どうしてこんな山の中の名主が、遠くの海辺まで呼ばれるのか不思議ですか？　実は、永島家は自分の村の名主だったばかりでなく、他の三七ヶ村の名主達を統率する、名字帯刀《みょうじたいとう》を許された家柄だったのです。そして、この難船取調べの記録係を勧めました。彼の記録その他によって、この事件でどんな騒動《そうどう》が巻き起こったか聞いて下さい。

現在、ピーナツを「なんきん豆」、カボチャを「なんきん」と呼ぶ人がいますね。江戸時代日本には無かった珍しい品々を、南京からやって来る商船がもたらしたので、こうした呼び方が生まれました。

漂着したのは元順号《げんじゅん》という商船でした。前年の安永八年一一月一一日、長崎へ二〇日間で到着する予定で、食料は一〇日分の余裕を見て三〇日分積み南京を出帆《しゅっぱん》しました。ところが一一日目、大嵐のため帆柱を吹き折られ、中国大陸の方角へ漂流したり日本の方へと漂ったたり、四月下旬頃は銚子・九十九里沖を流れ、四月三〇日の夜、ついに朝夷村沖に座礁《ざしょう》して船体が壊《こわ》れ、船底にも穴が開いてしまいました。

船からは、沿岸の人々に助けを求めているのか、神仏にただ祈っているのかわからないけれど、とにかく大声をあげ、鐘や銅鑼《どら》を鳴らしているのが聞こえます。そこで陸からも「あなた方に気付いていているよー」「ガンバレー」と鐘を嶋らし、援助のお念仏《ねんぶつ》や題目を声高く唱え、村の鎮守《ちんじゅ》の神様にも祈り続けました。翌日海も人も静かになり、一人の「唐人《とうじん》」（中国の人）が海に飛び込んで上陸に成功。長らく満足な食事をしていなかったためかブルブル震えているので、焚《た》き火にあたらせようとしたところ、船に残った人々は焼殺す準備とでも勘違いしたのか、大声でわめき始めました。

焚き火で暖をとり食事をしてなんとか元気になった唐人が船に向かって手招《まね》きすると、たくさんの人が我先に飛び込みましたが、体力の衰えで、二人ばかり潮に流され死にそうになりました。残りは伝馬《てんま》船を出して救助、七八人全員（他に一名航海中死亡）が上陸するまでに三日もかかったそうです。

救助した人々を納屋に収容し、乾いた衣類を持ち寄って着替えさせました。多人数のことですので男物とか女物とか言っているわけにはいきません。中には振袖を持ち込んだ人がいて、唐人が袖《そで》や丈《たけ》の長さに困り果てている様子が記録されています。この文章を読んだ時、私は思わず吹き出して笑ってしまいました。筋肉モリモリの船乗りが、振り袖を身につけ困惑する様子を想像しただけでおかしくてたまりません。でも一瞬の後には、涙がツーンと滲《にじ》んでしまいました。当時のつつましい農民の生活の中で、「振袖」はとても高価な品だったはずです。緊急に乾いた衣類が必要だとは言え、見たこともない外国人に私は大切な着物を提供できるだろうか？　村人の優しさに胸がつまってしまったからです。

さて、五月八日に代官など役人が到着し船を点検した後、積荷の陸揚げが始まりました。南朝夷村組合という、白浜、南白浜、乙浜、白間津、大川、千田、平磯、平館《へだて》、川口、忽戸《こっと》、南・北朝夷、牧田、瀬戸、大貫《おおぬき》、川戸、宇田、川井、久保、峰、白子、安馬谷村の二一ヶ村が協力して事に当りました。

着替えや鍋、たらいのような器、中には生きた豚も一匹（腹に子供がいたので、食べなかった）荷揚げされ、「村の畑を荒らされたら大変！」と、小舟に載せ回りに竹で垣根を

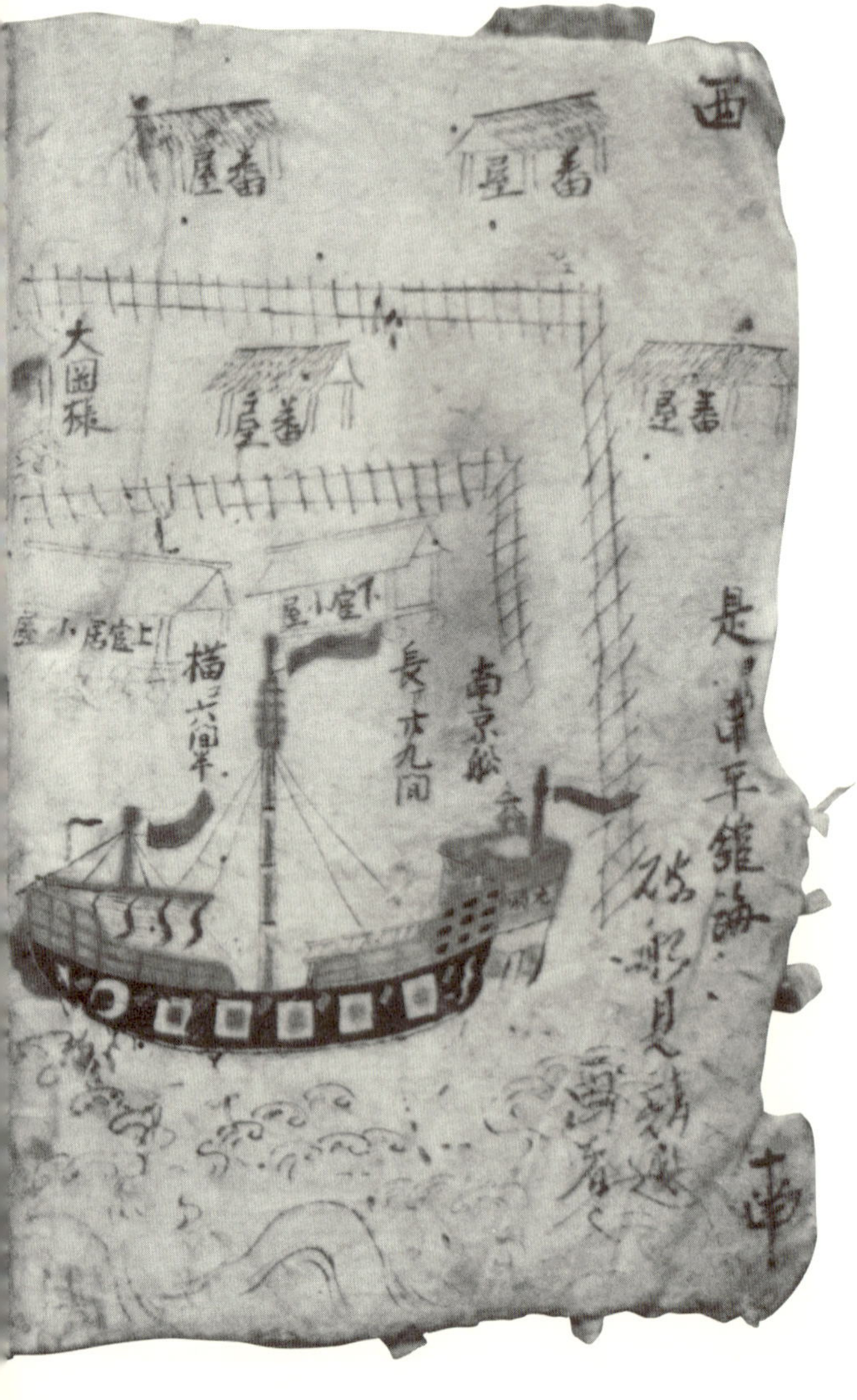
西
番屋
番屋
番屋
番屋
南京船

元順号を取り囲む垣根と番屋の配置図

作り村人が厳重に番をしました（全く手間がかかりますね）。商荷物としては人参《にんじん》、甘草《かんぞう》、山帰来《さんきらい》等の漢方薬の他に砂糖五〇～六〇樽、氷砂糖、書物、唐紙《からかみ》、焼物類、毛氈《もうせん》、絹布類、象牙《ぞうげ》、鳥獣など総額三〇〇〇両程も積んで出たそうですが、ほとんどは海に投げ捨てられ、砂糖が一〇樽程残っていたそうです。

荷揚げの際、船中は足場が悪く、足を滑らせて船の中の水を飲んだ一名が死亡したり、船底の方になると漢方薬の臭気が強くて気絶する者が出たり、薬気に当たって病気になったりする始末。村役人は嫌がる者に強制的に命令するわけにもゆかず、「村人に荷揚げさせるのは御免こうむりたい」と申し出たほどでした。

状況聴取《ちょうしゅ》は筆談です。船の長さおよそ二〇間（三六メートル）、欄干《らんかん》は朱塗りで水際《みずぎわ》は黒塗り、水の中に浸かる所は漆喰《しっくい》のような物が塗ってあります。食事は三〇日分の飯米で、一五〇日も漂流していたので一日一杯の僅かな粥《かゆ》で引き延ばしました。飲料水は二月迄に なくなり、あとの二ヶ月は雨水で凌いだそうです。

船長など主だった数名は牧田村の神作戸右衛門家に滞在しましたが、乗組員たちは物珍しそうに出歩き、女を見ると傍《そば》へ寄り、いやらしい様子で仲間同士で話したり、指さしたりするので、五月二一日に収容した納屋の回りに竹垣を作り、筵《むしろ》などで全く見えないように囲いました。垣根の外には七ヶ所の番所、海上にも寝ずの番船を五、六艘浮かべ、一村から二人ずつ交替で番をするという大変な騒ぎです。

食料は、白米を二〇俵も準備して飯、味噌汁、魚類など与えました。唐人は船にわずかに残っていたらしい「赤米の干飯」「黒い切身の干物」も出して煮て食べています。鰹《かつお》、鰯《いわし》などは好物らしく、この二つの名前はお互いに理解できます。額に指を角のように当てた後、手を重ねて何か貰《もら》いたい様子をするので、きっと牛でも喰いたいのでしょう。一人前二合位ずつで一日に米を一・七俵も食ってしまうのが困りものです。

領主の大岡氏は、調理して与えるのではなく、自炊《じすい》する為の野菜などを与えたいと主張しました。それぞれの村々で担当するのは遠い村が困るので、商人・釜屋利助、大黒屋惣七、会所佐助に任せ、代金は大岡氏が負担することになりました。

竹の子、夏大根、とうふ、ナス、魚類などを渡すと味噌は使用せず、醤油、塩を多く使い、何でも油で揚げて食べています。鳥獣の塩漬

下級船員の姿（長いキセル・髪を頭の頂点で縛り、編んで長く伸ばしている）

けは口に合うようです。

服装は全て襟《えり》なしで、袂《たもと》もない。彼らは日本人の袖《そで》を見て指さして笑っています。船長が日本のソロバンを持っていたので、指さして「ニッポン」と言うと、「ニッポン　ソロバン」と答が帰ってきました。どうやら唐人は、「の」とか「は」という助詞は使わないらしいと記録されています。なかなか細かい観察ですね。碁《ご》石、筆、墨などは見事な品を持っているし、縫い針も沢山持っていて、細かい針仕事が上手です。

ここは長崎から遠く離れているので、もちろん唐人などは絵でしか見たことがなく、近在はもちろんのこと、他領からも続々と袖をつらねて見物人が集まり、道路には櫛《くし》の歯のように人が立ち並んでいます。この辺はとても辺鄙《へんぴ》な所なのに急に旅籠《はたご》や茶店が出て大儲《もう》け、しばらくは繁華街のようになってしまいました（いつの時代でも同じですね）。

日増しに唐人は健康を取戻し、一日も早く帰国したいとの希望です。船荷物や道具と共に長崎まで送ることになり、江戸から和合丸、虎丸、日吉丸の三艘の船が廻され、六月一七日に到着しました。さあ積込みです。二六日は人足三二人と宰領《さいりょう》四人、二七日は三二人、二九日は不明、三〇日には七七人、七月一日も不明ですが多くの人足がかりだされて、一日の夕方には全部積み終えました（史料により一、二日ずれがある）。お別れとなると、七八人に心づくしの御馳走が振舞われました。出発する時の彼らの衣装はとても美しく、漂着した時に小屋へ移した「船神」か「守護神」らしきものを船頭が両手で捧げ、後ろから傘をさしかけています。良い香りの香をたき、管弦《かんげん》をかき鳴らして、いまにも天女が舞うのではないかという風景です。見送る見物人も浜の砂の数のようにいっぱいでした。

唐人が帰ってしまうと祭りのあとのような倦怠感が押し寄せたことでしょうね。

彼らの滞在中の米代や垣根を作った材料費は、随時領主が負担していましたが、組合村々が負担した延べ人足数六八〇九人分の賃銭（七三両余）と、村高百石につき九〇四文の割合で慰労《いろう》金が彼らの帰国後に領主から支払われました。中でも地元村として苦労の多かった南朝夷《あさい》、平館《へだて》、忽戸《こっと》村には昼食とお酒が振舞われ、その苦労がねぎらわれました。

異国人に対する農民の配慮といい、領主のこの農民に対する対処といい、実に見事ですね。

こうして突如として起こった驚き、困惑、喧騒《けんそう》は一件落着となり、もとの平和な村にかえりました。それから二〇〇年経った一九八〇年、中国から、昔命を助けてもらったお礼の感謝状が寄せられています。今浜辺へ行ってみると、『日中友好』と刻まれた「元順遭難之碑」が、白波寄せる浜辺でじっと沖の方を眺めながら立っています。

現在中国と日本は、必ずしもいつも仲良くとは行ってませんが、人と人ではわけへだてなくつきあってゆきたいものです。

江戸城の石

館山市北条にある海上自衛隊航空部隊に行くと、正門守衛室前に巨大な石が置かれ、「江戸城の石垣用の石として慶長年中（一五九六～一六一五）仙台より運ばれたが、海難のため海に沈んだものである」という意味の説明板が添えられています。

「へーッ！　こんなに大きな石を江戸時代の初期に、はるばる仙台から運んで来たの？」と私は驚き、さっそく江戸城の初期の石垣工事について調べてみました。

天正一八年（一五九〇）八月一日、徳川家康が入った当時の江戸城は、粗末な板葺屋根の建物ばかりだったそうです（『落穂集』）。それを、

①慶長一一年第一次の改修を行い、本丸、二の丸、三の丸等外郭の石垣をほぼ完成。

②慶長一五～一九年石垣修築にかかったが、大坂夏の陣、家康の死亡などで一時中断。

③元和四年（一六一八）に再開し、元和六年二月から本丸、北の丸など工事について、東国大名に助役を命じました。この時には仙台の伊達政宗にも命が下り、彼等によって大手門は一〇月に完成しました。しかし、仙台市教育委員会の調査では、「仙台藩

海上自衛隊航空部隊　正門守衛室前の石

から江戸城普請のための石を海送した、あるいは大船が海難にあったという記録は見当たらないし、聞いたことのない話である」という事です。

④寛永六年（一六二九）からも引き続いて工事が行われました。

まず①の工事の記録を見ましょう。

慶長九年（一六〇四）六月一日、幕府は江戸城の増築計画を発表、同年の八月には、和歌山の浅野幸長、兵庫の池田輝政、広島の福島正則、熊本の加藤清正、鹿児島（薩摩）の島津義弘などなど……多勢を指名（全て西国大名）して金を支給し、石材や本材を調達させることになりました（『東京市史稿』皇城篇第一）。

『島津国史』によると、島津氏は支給さ

れた金で翌一〇年に石綱舟を三〇〇艘も造っていますし、同じ年の一一月一二日付で筑前（福岡）の黒田長政が出した「石船注文状」には、「芦屋で作る分九五艘、大坂で作る分二五艘、高原二郎兵衛が上乗りで上る分一三艘、吉川殿一艘、さぬき殿六艘の計一四〇艘と、残り一〇艘は二月朔《ついたち》に出る」と書いてあり、合計一五〇艘になります。黒田氏と島津氏だけで、これだけの石船を送っているのですから、『當代記』に「石舟の数三〇〇〇艘」と記録されている数は、かなり妥当と思われます。

起工式は慶長一一年三月一日に行われました。膨大な量の必要資材などが手持ちの舟、新造された舟、他の大名から借りた舟などで、江戸城へと運び込まれたことでしょう。では、どこからどうやって運んだのでしょうか。

年不詳ですが、黒田長政は五月二八日付で九州の博多湾内に位置する唐泊から石三〇〇〇個を受け取ったとし、冬の海では石の運送は出来ないので心得て仕事をするようにと書き送っています。石は、大名の国元などずいぶん遠方からはるばる運ばれた例もあるのですね。

しかし、江戸近辺にも良い石材の産地がありました。神奈川県小田原市の南方、真鶴町にある「石工先祖の碑」には、「保元平治の乱を避けて、土屋源格衛が相模の岩村のあたりで石工となり、鎌倉幕府が城を築く時や太田氏（道灌）が桜田（江戸）に築城の時に大石を納めたので、岩村の名が有名になった」と彫られています。ですから、修築の時も当然この岩地区の石材に着目したと考えられます。

一艘の舟に、一〇〇人持ちの石二個を載せ、毎月二回江戸と伊豆を往復したという記録もあります。黒田長政は、家臣の麻生家勝等を現地責任者に任命しました。手紙には、「身かくしの石が急いで必要なので四〇〇人の人足はそのまま滞往させて、今月中に伐《き》り出すように」と書かれ、一ヶ所の石伐場でいかに多数の人が働いていたのかを窺い知る事ができます。文書中の石の大きさは、「一〇〇人持ちの石」とか「身かくしの石」とか漠然《ばくぜん》とした表現でピンと来ませんが、「角石・角脇割符の事」（年不詳）という古文書があり、「角石・長さ八尺上り七尺の間巾厚さ三尺（二四〇センチ〜二一〇×九〇×九〇）、角脇石・長さ五尺より六尺巾厚さ三尺（二尺五寸でもよい）（一五〇〜一八〇センチ×九〇〜七五×九〇〜七五）」と書かれています。自衛隊に展示されている石の一個は、一四六×一〇〇×七八センチです。

そして、この石のサイズを指示した麻生家勝は、「詳しい事は、近江国滋賀郡穴太《あのう》衆（石組みにかけては特殊な技能を持つ有名な集団）に尋ねるように」と石のサイズと数量に添書していますので、高い技術を持つプロ集団が工事に当たっていたことがわかります。

こうして石の需要が増すと、石の値段が高騰《こうとう》しました。元の値段がわからないので、値上がり率がわかりませんが、「この頃石の値段が上がって、百人持ちの石一個が銀二〇〇枚、ゴロタ石は箱に一杯（一八二立方センチメートル）が小判三両で取引された」と『當代記』に記されています。

材木の調達についても、黒田長政は六月二一日付で、「藤堂高虎へ送るよう命じた角石と二〇個の身かくし石は、前にも言ったように急を要する。この石ができたら人数を呼び寄せたいので出来上がりの日を知らせなさい。杭《くい》木は伊豆の山で一〇〇〇本誂《あつら》えなさい。もみの木は早く腐るので駄目、腐りにくい木を選んで生木《なまき》で作りなさい。こちらでの値段は九〇〇本で銀一二〇匁、石を運ぶ船の下荷として輸送すること。遅れれば役にたたないので急いで今月中に送るように」と長浜新太郎、麻生家勝に指示しています。

しかし、二人の仕事ぶりは上役の気に入らなかったようで、この手紙を受け取った一週間後の六月二八日付には次のような厳しい叱責《しっせき》の手紙が出されます。「今回二艘の船に積んで送って来た一五個の石を一〇〇人で一日かかって積込みしたという事だが、こちらでは八〇人で二刻（四時間）で荷降ろしできたぞ。あまりにも違い過ぎるから、きっと現地では眠りながらフラフラと仕事をしたのではないかと殿様は考えている。それにこの手紙を届けた飛脚の者も、工事普請の人間だそうだが、工事の担当者を使うなんてもっての外だ。飛脚などには自分の小者を使いなさい」。また「峠から波止場までの道が悪くて仕事がはかどらないという事だが、どうして念を入れて道をつくらないのか。石を積んだ船が江戸の方へ来ているうちに、そうした作業をキチンとやるべきじゃないか。何のためにお前たちが付いていているのだ！」と激しい叱責です。ついには七月一六日、仕事ぶりが悪いという理由で、三人の部下と共に、

（1）知行召上げ（給与の支払い停止）

（2）妻子に番人を付ける

という罰が与えられてしまいました。もっとも、これには、今後の仕事ぶりによっては取り消すことがあり得る。という条件がついていましたけれどネ。

八月二四日になると、「こちらでは石垣の工事を九月一〇日頃には済ます予定である。夜も昼も身かくしの石を急いで切り出す事が大切である。こちらの工事も昼夜行い、雨が降っても工事を続行しているので、そちらでも雨が降ったら石の上に屋根をつけ、夜も昼も石を切らせなさい」と半月後に迫った完成予定に追われて慌《あわ》ただしく行われている工事の様子と、不足の資材補給を急がせている様子が目に見えるようです。

大石の船積み方法は、まず第一に海を石で埋め立て陸地を造成し、水深の深い所へ船を付け、陸と船の間に柱を渡して船を動かさずに平地のように道を造ります。次に石を台に載せて、船には巻き車（滑車）を取付て綱を引っ張り、陸からはテコ棒で石を押しやって

載せます。船中に巻き車を作る方法は奇特《きとく》（すぐれもの）であると自画自賛しています（『黒田家譜』益軒全集巻之五）。

ところで、日付が少々遡《さかのぼ》りますが、着工から約三ヶ月経った慶長一一年五月二五日夜、一大事が起きました。大暴風が江戸湾を吹き荒れたのです。伊豆から江戸へ石を運ぶ石運送船、数百艘が破損・水没しました。記録は、九州の鍋島家一二〇艘、四国加藤家四六艘、九州黒田家三〇艘が被害を受けたが、その他は数えきれないと記しています。また森志摩《しま》守《かみ》の船の帆柱が抜け船板が破損し、乗組四七人中三九人が死亡とか、加藤清正が献上する石船七艘が、品川沖四里ほどの海上で破損し、その石は全部水底に沈んでしまったとも記録されています。後世の江戸の人は「(石が漁礁《ぎょしょう》となったために) 品川沖は釣りの獲物が多い場所として皆が釣糸を垂れている（『落穂集』)」と記しています。

こんな大事件があっても、黒田長政が九月一〇日には工事を完了する計画だと書いた予定通りにほぼ完了したのでしょう、慶長一一年九月二三日に、二代将軍秀忠が城に入りました。長政は重要な位置である天守閣の台の石垣も担当したのでさぞ苦労が多かったと思われますが、彼の普請場は、「迅速でしかも堅固《けんご》に完成した」と褒められ、長政の下で普請奉行を勤めた母里《もり》太兵衛・野口左助の二人が江戸城に召し出されて褒美の太刀が与えられました。

③の、元和六年（一六二〇）の普請の時には、館山湾内の漁船が小石を伊豆から江戸まで運ぶために使役された記録が残っています。村名と所有者名、乗組人数、期間などを次に挙げてみましょう。

村名	所有者名	乗組人数	期間
内浦村	外記	九人	三月　一日～四月一八日
	孫兵衛	五	二月二八日～三月一九日
磯村	主水	六	三月　七日～四月一九日
	藤兵衛	五	二月二一日～三月二二日
	孫右衛門	四	三月　五日～三月一九日
	市左衛門	四	三月　五日～三月一九日
浜荻村	五郎左衛門	五	二月二八日～三月一九日
	半左衛門	四	二月二八日～三月一九日
	利兵衛	四	二月二八日～三月一九日
天津村	利左衛門	六	三月　三日～四月二二日
	太郎左衛門	六	三月　七日～四月一六日
	諸衛門	六	三月　三日～四月二二日
	助左衛門	五	二月二八日～三月一九日
新井町	小宮佐衛門	六	三月一八日～五月　三日

	藤左衛門	五	□月一八日~四月一□日
	竹口喜兵衛	五	三月一八日~四月一二日
	幸左衛門舟	四	三月一八日~四月一二日
金瀬村	五郎右衛門	四	三月一八日~四月一二日
八太村	四艘		

この文書には、「小石積申也」と書かれているので、現館山湾内から集められた漁船は、巨石ではなく小石輸送に当たった事が確認できます。

④の寛永一二年には、福岡藩は家臣の小河織部正良に石材発掘を命令し、小河織部は真鶴町岩地区の小松山に良質の石材を発見し、福岡から連れて来た石工七名と共に、石丁場(採掘場・「口開丁場」)を開きました。現在もここの石は「小松石」と呼ばれ、高級な墓石として珍重されているそうです。真鶴駅の山手にある西念寺には、小河織部が黒田長政の一三回忌(寛永一二年)に建立した供養碑が残っています。

また、先に述べた町役場近くの「石工先祖の碑」はバス停から人一人がやっと通れる石段をくねくねと登ると、人家の裏側の樹木の下にあります。六、七基の墓石と、四メートル位もある大きな碑が立っています。昔は石伐り場から山の尾根伝いにこのあたりを通り、磯崎へ降ろして船積みしたそうですから、石を積み出す船影も見えたと思われる場所ですが、今は人家のうしろの薄暗い木陰で、蚊の大群の襲来に全くじっとしていられず、刻まれた文字の判読は至難の業でした。この碑は、最初文明年中に建立されましたが、元亀天正の戦乱で破壊され、次いで慶長期に再建、嘉永の地震で再び壊れ、安政六年に三たび建造されたものだそうです。小河織部と共に来た石工七名は中興の祖とされ、傍らにある八基の石碑のうち六基はこの中興の祖の名前が該当し、「筑前住　小野太郎右衛門」「九州筑前国三笠郡内」（現福岡県）などと判読できます。その内五基は寛永一二年の同じ年号を刻んでいます。着任の記念碑でしょうか。

慶長一一年に江戸城工事の為多くの巨石が伊豆近傍から輸送された事、暴風雨によって江戸湾内にたくさん沈んだ事、また仙台藩が江戸城へ巨石を輸送した記録が見当たらない事などから、引上げられ展示されている石は、伊豆近傍から送られた石材の可能性が高いと私は思います。

ともあれこの石は昭和五年、館山市北条に旧海軍館山航空隊を創設する工事の時に、真木朝夫、山口繁次郎、進藤寅吉、葉山寿夫の四名によって海中から発見され、長い長い眠りから覚めました。二四個のうち一個は鷹の島弁天の手水石として昭和一〇年奉納、一個は水源地、二個は自衛隊玄関左側と門前に展示、残余は隊庁舎の礎石として利用されたそうです。

私の友人は、「小さな石の破片があれば、生産地は科学的にすぐ解明できるよ」と教えてくれましたが、まさか神社の手水石を欠きに金槌《かなづち》を持って出かけるわけにもいきませんよね。

たなばたさま

「たなばたさま」と聞いて、あなたはどんな光景を思い浮かべますか? 若い人の多くは、ドドーンと大きな飾り物のついた竹の行列と、商店街の賑わいを思い浮かべるでしょう。

私の思い出は次のような光景です。まず六日に今年筍《たけのこ》から親竹に成長した若竹を藪から切り出し、色紙で作った短冊《たんざく》に思い思いの願い事を書き結びつけ、この竹を門の所に立てます。そして、父が作ってくれた、マコモや麦藁《わら》で作った牛と馬をこの竹に繋《つな》ぎ、そうめん、うどんなどの麺類をごちそうとして供えます。いよいよ七日の朝はみんな早起きです。朝露のあるうちに繋いでおいた干草製の馬や牛を引っ張って野原にゆき、草を刈り取り、その背中にくくりつけて帰宅し、また竹に繋いでおくのです。竹飾りは早くもその日の夕方には川に投げ入れられます。浮きつ沈みつしながら流れて行くのを見送って帰宅しました。

話として聞いていた七夕《たなばた》の物語は、牛飼いの「牽牛星《けんぎゅう》」と機織り女の「織女星《しょくじょ》」が恋に落ちて、仕事をサボるので天の帝の怒りを受け、天《あま》の川の両岸にへだてられ、一年に一度七月七日にしか逢えなくなるというラブロマンスでした。

私は、この体験と物語の間に何の疑問も感じないで成長しましたが、最近この作り物の牛馬にまつわる「千葉県立房総の村」の調査報告書を読んで、そうだったのかと納得しました。

調査報告書によると、七夕は元来は全く違った行事「お盆の七日前の先祖迎えの儀式」と、「笹竹に飾りをつける星祭り」とがいつのまにか合体され同一視されてしまった行事だというのです。

星祭りの七夕は、古来七月七日行われる「たなばたつめ」の伝承に基づく行事の日でした。律令国家になると陽の数、七が重なる七月七日が、収穫祝いや邪気を払う祭の日と定められました。平安の頃からは、星まつりのロマンスに心魅かれ「織女祭」の傾向が強くなり、宮中の女性や武家の御殿女中達をまねて、江戸市中に盛んに広まって行きました。歌川広重の「名所江戸百景・市中繁栄七夕祭」には、土蔵の建ち並ぶ町並の屋根に、笹竹が林のように立てられ、吹流し、ひょうたん、色紙製の鎖、西瓜などが賑やかに下げられています。天保の改革では七夕飾りを禁止するお触れが出されたほど盛んになったのです。

一方、祖先や農耕の神様信仰がお盆行事となり、盆に先立って「ご先祖様が帰って来る日」が存在しました。こちらは先祖が帰って来るための乗物として、身近に手に入る植物で牛馬を形どり、用意します。そう言えば現在でもお盆にはキュウリやナスで馬を作る風習が行われている所が多いですね。ご先祖様が一刻も早く帰って来て欲しいので、来る時は馬、戻って行く時は名残りおしく、ゆっくり牛に乗って帰るようにと用意するのだそうです。この牛馬には、他に豊作祈願、農耕用牛馬の慰労、魔除け、盗難除けなど複数の意味も込められているそうです。七夕馬を作る風習は、古くは宝暦一一年（一七六一）、文化一〇年（一八一三）などの書物に、当時夷隅、千葉あたりで、まこもや稲わらで七夕に牛馬を作っていたと書かれ、昭和の前半位迄は東北地方南部と千葉県内全域で盛んに行われていたのです。

ところで「たなばた」は、「七夕」の他に「棚機《たなばた》」と書かれているものがあります。成田市の南羽鳥地区に「七夕」という姓のお宅があります。この七夕さんの家の氏神《うじがみ》さまは「棚機神社《たなばた》」といいます。村に残る古文書によると、「この棚機神社は、嘉保二年（一〇九五）に三熊野神社に納める布を織るための機殿《はたどの》を建てたのが始まり」とされています。やがてそこへ村人を集め、機織りや裁縫などを指導し、後には文字なども教えたそうです。

「女性の守り神」との説明が現在も神社の前に設置されています。このハタオリがハットリに転化し、やがて服部、そして地名の羽鳥になったというのです。ですから、服部という姓は服部《ふくのべ》であり、布の製造を得意とした職人集団であり、一説には大陸から先進技術指導に渡来した人々の流れをくむ人々とも言われています。

そうした伝わりを窺《うかが》わせるように、七夕さんの家の調度の中には九州鍋島藩の家紋と同じ紋が付けられたものがあったそうですし、同姓の家を探したところ九州におられたそうです。

私も「神社」を「七夕」あるいは、「棚」「機」の文字にこだわってインターネットで探してみましたところ、「棚機神社」と一致したのは福岡県の一社だけでした（だいぶ前なので、今はもっとあるかも）。

①「棚機神社」福岡県小郡市大崎地区にある媛礼神社（七夕さんと親しまれる）。
②「七夕神社」宮城県丸森町大内地区、七夕という地名の所にあり機織りの神様。
③「機織神社」川俣にあり機織りの技術を伝えた小千媛を祀る。
④「機守神社」八王子にあり養蚕と絹織物を伝えた白滝姫を祀る。
⑤「機殿神社」伊勢にあり伊勢神宮の末社。
⑥「機殿神社」「下機殿神社」松阪市にある。伊勢神宮に神の衣を奉納した。

棚機神社にお詣りする七夕さん

⑦「機殿神社」新大阪西脇市にある。製織の儀など古式が伝えられる。
⑧「七夕神社」熊本県鹿本郡鹿央町大字岩原にある。

などがみつかりましたが、全て機織りに関連し、①は文字も全く同じです。⑤⑥⑦は「神の衣を織る機殿が設けられた」点に成田市羽鳥と共通点があります。

『羽鳥村誌』には、古歌として次の二首が載っています。

　機殿に千條の糸をくりかへし　今日神御衣《かんみぞ》織り初めけり
　和妙《にぎたえ》の御けし織女が機殿に梭《ひ》とるごとに袖ゆらぐ見ゆ

地区の三熊野神社は、延長元年（九二三）八月に祀られたとされ、文禄三年（一五九四）の検地帳に二五石が確認でき、この神社の御衣祭調供の布を織ったそうですし、織り上がった布を晒《さら》した井戸と語り伝えられる「棚機井戸」があります。台地上の神社から急な坂道を下ると今も水が湧いていますが、コンクリートで排水されており、跡地はただの湿った凹地になってしまいました。

この集落一帯には、さまざまな伝承が信じられる雰囲気があり、道路脇の生け垣は曲がりくねった古木となっています。昭和の前半まで桑畑が多く、養蚕が行われていて、七夕家の蔵には織機が三、四台あったそうです。

郵便局とピストル

私の生まれた家の隣は郵便局でした。四、五歳頃はチョコチョコと遊びに行き、電話をかける初体験をさせてもらったり、葉書や封書に丸い消印をポンポンと押すのを隣席に座って眺めたり、郵便局は私にとって親しみ深い存在でした。

ところが最近、この郵便局なるものに、ピストルが配備されていた時代があった事を知ってビックリ仰天、西部劇映画「駅馬車」のシーンが頭の中を駆けめぐってしまいました。「郵便局」と「ピストル」、私にとってこれほど不似合いな取り合わせはなかったのです。

以下、香取市府馬の絵鳩昌之さんのお話と市原市潤井戸の市津郵便局刊行の『郵便御用百二十年』を中心として、郵便事業についてお話ししましょう。

江戸時代からあった「飛脚」に代わって、日本で最初に「郵便事業」が始まったのは東京・大阪間で、明治四年三月一日（新暦四月二〇日）でした。同七年五月には全国に幹線が延長され、年末までにほぼ全国的ネットワークが完成しました。

千葉県下では五年七月一日、銚子・八日市場・成東・東金・船橋・松戸その他が開局し、輸送日を二・六の日、三・七の日、あるいは偶数日、奇数日などと取り決めました。開局に当たり、取扱人達を呼び集めて行った郵便制度の説明書には、『人間は疎遠《そえん》になると仲が悪くなる。この郵便制度で、手紙が国内は勿論のこと遠くアジアやアフリカまで届くので、大いに利用して、親子、兄弟、夫婦仲良くしなさい』と、これから国内に制定しようという時に、アフリカまで届くと大風呂敷《ふろしき》を広げています。思わず苦笑してしまいました。しかし、市津局二代目局長の弟・山本村吉さんが明治四〇年にアメリカ、ユタ州ソルトレイクシティから絵葉書を送り、同局に到着して現存していますから、理想は実現されたのですね。この制度は人々に大歓迎され、どんどん地方に波及し、市津郵便局は明治七年の一一月一日、香取郡の鏑木・府馬郵便局は同三日に開局しています。七月一日付の公的実施日に対して、それより二ヶ月も早い五月一日を開局記念日としている野尻、多古（香取郡）局などもあり、郵便取扱人に選ばれた人々がどれほどこの制度に対して積極的に考えていたかがわかります。はじめは、取扱人の自宅が取扱所に宛《あ》てられました。市津局には、

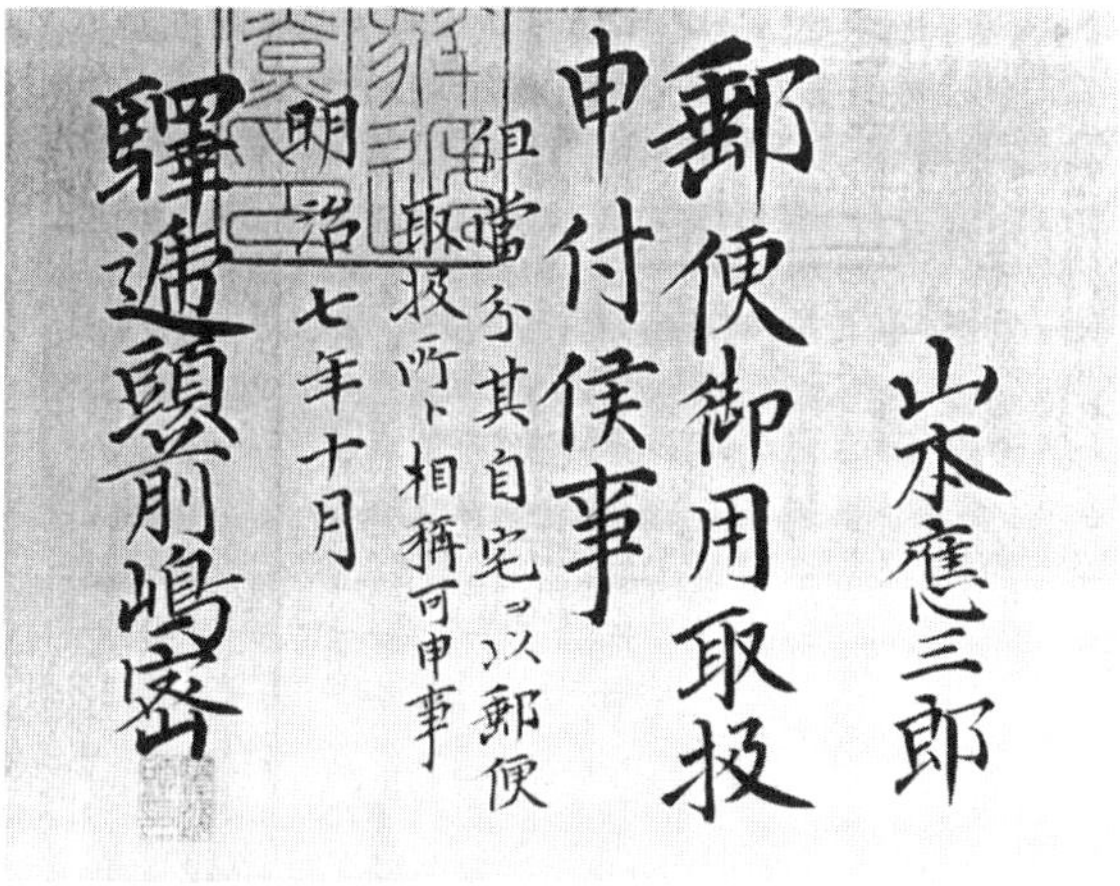
山本應三郎
郵便御用取扱申付候事
但當分其自宅ヲ以郵便取扱所ト相稱可申事
明治七年十月
驛逓頭前嶋密

潤井戸局（現市津局）への前嶋密からの開局辞会
自宅を使うようにと記されている

自分の家の家紋を入れた提灯を作るようにひな型を示した明治一〇年の文書が現存し、提灯の製造費が支給されています。局の前には今のネオンサインのような役割で、提灯がかかげられたのでしょうか。また小田原提灯も支給されたので、これは夜道を歩く時用と思われます。明治八年一月一日には呼び名が「郵便取扱所」から「郵便局」に改められました。こうしてみると、随分急速に地方に及んでいったのですね。

「飛脚」と「郵便」との大きな違いは、自分が店に出向いていかなければならない「飛脚」に対して、郵便の方は、料金を払った証拠の「切手」をはりつければ、近隣にあるポストに投入すれば良いし、着信は宛名の所まで全て配達してくれる事に

大正十一年開局当時の市原市市津局の面影

あったそうです。

この制度に大きな役割を果たすポストは、当初「書状集箱」と呼ばれ、郵便柱函（柱型）、郵便掛函の二種類がありました。郵便局の費用で造られましたが、地方局が設置するのには許可が必要で、府馬局では使命感に燃える局長が費用を全額・あるいは半額自己負担して献納し、県知事が賞状と木盃を与えて表彰しています。設置場所は、明治二二年①府馬村喜多見峰吉宅、②小見村の多田清七宅、③府馬郵便局前、④良文村の斎藤儀七宅、⑤香取郡八都村の田部、⑥小見、などです。地方の小さな郵便局では、ポストの型式が変更になると、早速に新しい型のポストを区域内に建て、郵便局の存在をアピールしようとする気風があったそうです。局が負担した金額は一一円六〇銭、二円三三銭などの記録ありますが、潤井戸局長の給与は明治七年一ヶ月五〇銭でしたから年六円でしたし、府馬局長の明治二六年度一年の手当が二四円だったそうですから、私財を投じて世の中に尽くした当時の局長の心意気を強く感じますね。郵便取扱人となった人々の「社会をより良くしたい」という使命感による、なかば奉仕のような活動によって、現在の世界に誇れる「安全」「確実」「迅速」な郵便事業が確立されたのだと私は思います。

明治二〇年七月にはポストの型式が改められ、前面に「ＰＯＳＴ」と初めて英文字で表示されました。さらにこの年に制定された〒のマークが描かれ、この時から「ポスト」と呼ばれるようになりました。

大きな政治の変革で迎えた明治初期は、世の中が不穏でした。郵便制度がスタートした最初は、金銭や貴重品を入れてはいけないキマリでしたが、内緒で入れる人もありましたし、郵便取扱所の経費や切手の代金なども輸送されるので、かなりの金額がある時もありました。創業から二ヶ月目の明治四年四月、東京高輪で郵便脚夫が刀を持った賊に襲われ格闘しましたが、運良く人力車数台が通りかかったため、賊は逃げ去り実害はありませんでした。同八月には東海道の鳴海で脚夫二名が殺害され、続いて四日市でも脚夫二名が命を落としました。明治六年四月からは全国均一料金に改めると共に、お金の入った書状も取扱うことになったので、防護のためにその年末からピストルが交付され、明治八年に陸羽街道筋ほか京都・兵庫・千葉・埼玉・栃木等に交付、明治一四年までに総数四二六丁が交付されたそうです。

伊能局（現大栄局）には昭和七年付の「郵便保護銃の設備を廃止した」という文書が残っているので、この時までは銃があった事がわかりますし、潤井戸局（現市原市市津局）にも保護銃が存在しましたが、返納されています。

府馬局では、昭和四二年頃に倉の整理の時に銃が発見され、同四六年千葉局の「郵便創業百年記念展」に出品したら、展示二日目に無登録の銃として県警に押収されたというエピソードがあるそうです。もちろんその後登録を受け文化財として返還されましたけれど……。

この銃はアメリカのスミス&ウェッソン社製。この型は南北戦争（一八六一〜六五）当時大量に製作され、戦後余った銃が東洋に輸出されて、日本は幕末の動乱期に幕府や大名が買い込み、あの幕末の志士坂本龍馬も同じ型のピストルを懐《ふところ》に入れていたそうです。

絵鳩昌之さんは幼い頃祖母から「郵便局を始めた頃の事だけど、逓送人《ていそう》は夜中近く小見川から来て夜食を食べさせ、ピストルを持たせて鏑木《かぶらき》の局へ送り出したんだ、帰ってくるのは明け方近くで、ピストルを返してから小見川に帰っていったものだ」と聞いたそう

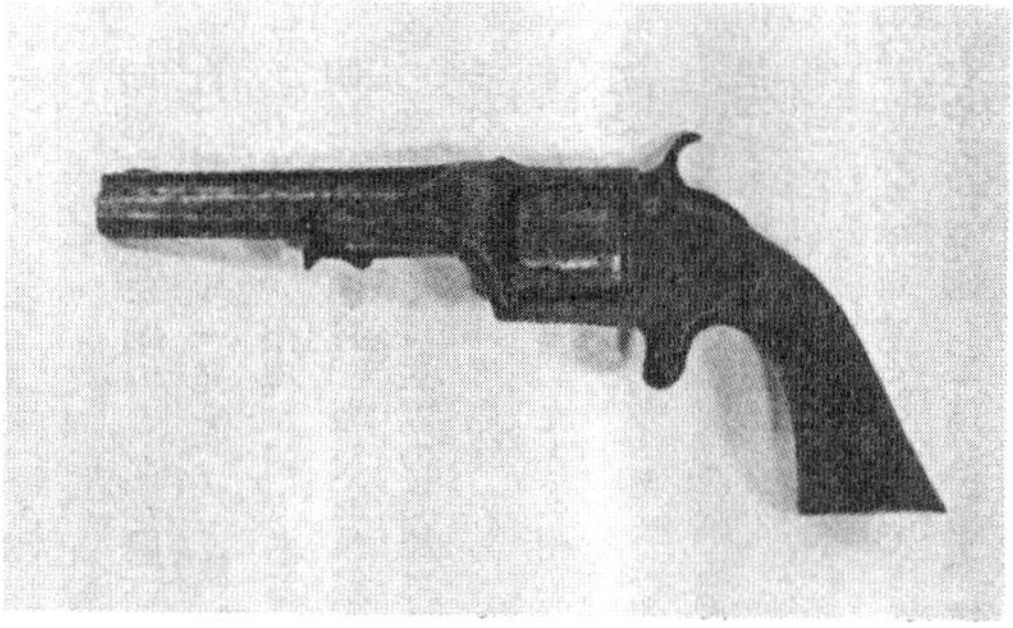

府馬局の郵便保護銃

です。とすると、このコースは夜間の使用という事ですね。順路の都合なのでしょうか、それとも人目につきにくい夜を選んで運んだのでしょうか。でもそれなら夜間は盗賊にとっても、人目につかなくて都合が良いのではないかと思われますね。

また市原市潤井戸の中島敬一さんは、子供の頃の思い出として、「近所に志賀純秀さんという人がいて、当時は逓送といった様です。黒の木綿の詰襟《つめえり》の服に巻脚絆《きゃはん》、草履ばき、黒い陣笠をかむり腰には黒光りのする拳銃を携帯し、毎日誉田《ほんだ》駅まで一人で山道を徒歩で郵便物の輸送をしておりました」と書いておられます。

当時の「短銃取扱規則」によると、「賊に出会っても軽々しく撃ってはならない。進退極まるまで発砲してはならない。郵便物を守るのが目的なのだから、郵便物を持っていない帰り道では、一切発砲してはならない」となっていました。しかし明治七年には「脚夫心得」として、「賊に出会ったらとにかく郵便物の安全を最上として……手紙類だけで金銭等は持っていないと話して良く説明しなさい、それでも襲いかかって来たときは発砲してもよろしい」と指導しています。ずいぶんのんびりした話ですね。明治二〇年になってやっと、郵便物の安全のほかに、自己の身体を防衛するための使用が公的に認められたそうです。

しかし、それから八年後の明治二八年七月には、銃の代わりにラッパが使用されるようになりました。これは盗賊より熊や狼など動物からの危険防止や、渡船場で船を呼ぶ時に効果があると認められたためで、北海道では銃を返納してラッパの交付を受ける局が多かったそうです。ヤッパリ日本は平和な国だったのですね。

では、実際に銃が発射された事があるのかというと、石川県鹿島局で、明治一九年一月～一一月までの間に七回使用され、一回に一～三個弾丸が使用された記録があります。また、府馬局の隣の万歳局では、「逓送人が賊に襲われピストルを使用した」という昔語りが伝えられていますが、記録による確認はできません。郵便物保護銃としての法令は昭和二〇年まで有効でしたが、実際は明治二〇年頃までにその役割は終えたと推測されるそうです。

異人さんから貰ったギヤマン

『夷隅《いすみ》風土記』によると、岬町和泉に住んでいた吉野巳之助さんは次のような昔語りをしています（昭和三〇年聞き取り）。『嘉永六年（一八五三）アメリカのペリー提督が率いる艦隊が日本にやって来た年、祖父吉野倉吉など漁夫数名は、地曳船に乗り太東《たいとう》岬沖に停泊していた異国の軍艦に恐る恐る近づきました。用意して行った魚を差し出すと、軍艦の水兵がおいでおいでと手招きするではありませんか。皆で軍艦に乗り移ると歓迎され、船ではタマネギと肉を調理していて、その匂いは強烈な印象でした。帰ろうとすると、船の大将らしい人からお土産に「ギヤマン（ガラス製品をこう呼びました。多分洋酒の入った瓶であったのではないかと、吉野巳之助さんは考えていたようです）」をプレゼントされました。家へ帰ってからワイワイとの茶飲み話に、「きっとあれはアメリカのペリー提督であったに違いない」などと噂しあったようです』という内容です。

もう一人、同町の中原に住む吉田誠一郎さん（昭和四八年聞き取り）の昔語りもほぼ同じような内容ですが、こちらは軍艦の上で調理していた「肉とタマネギの料理をごちそうになった」「軍艦の将兵も和泉村の『津々賀浦』から上陸して、村内を一巡りして帰艦した」というところが少し違います。

私はとても面白い話だと思い、正確な記録があるか、証拠の品が現存するか調査しました。しかしこの話は、祖父から父へ・父から子への語り伝えのみで確実な記録も無く、プレゼントされたという「ギヤマン」も散逸《さんいつ》していました。確たる証拠は何も残っていない上、もう聞き取り調査時の記録が残っているだけで、巳之助さんたちの家ですら語り伝えられていない現状です。

しかし、二人の家は双方とも、昔は漁業に従事していた家であることや、異なる集落に逸話が残っていたこと、内容が類似していることなどから、事実であった可能性が高いと私には思われます。ただし、異国船がアメリカの艦船で、大将はペリー提督であっただろうとするところは、簡単に肯定するわけにはいきませんけど。

日本の漁船に比べれば目を見張るように巨大な、しかも大砲など武器を備えてやって来た異国の船に、興味津々《しんしん》で目を輝かせて、おおらかに魚を手みやげに近づいて行った事は信じられます。なぜかというと、千葉県沿岸では、もっとずうっと古い時代から外国船の乗組員を見たり、理解できなくとも会話を交わすチャンスがあったからです。例えば、古くは慶長一四年（一六〇九）九月、スペインのフィリッピン領事ドン・ロドリゴが岩和田（現御宿町岩和田）の海岸で難破し、乗組員五六名が溺死・三一七名が上陸し、領主本多忠朝に大多喜城に招かれた話は有名ですね。彼らは江戸で秀忠・駿府で家康に謁見《えっけん》し、翌慶長一五年六月に家康が提供した一二〇トンの船でアカプルコに向けて浦賀を出発してゆきました。

この時のロドリゴの日記によると、「この村はこの島の最も劣った村落で、全国のうち最も寂しく貧しい村と思われる。難破した船に乗っていた日本人のキリスト教徒を通訳として遭難の経緯を話すと、村人は大いに憐れみ、特に女性は涙を流して同情し、夫達に綿の入った着物を与えようと言ってくれた。おかけで私は衣類をプレゼントされ、他の人々も沢山の衣類を貸してもらった。その上、村人たちの食物を惜しむことなく提供してくれた。それは、米、大根、ナス等が主で稀《まれ》に魚があった。きっとこの海岸では魚を獲る事は困難なのであろう」とあり、この日記から、村人が異国の遭難者に優しく親切であったことがよくわかりますね。

また、元文四年（一七三九、八代将軍吉宗の時代）五月二五日正午頃、ロシア船と思われる船が長狭郡天津村府入（天津小湊町浜荻に近い海）の八キロ位沖に碇泊《ていはく》しました。陸からの目測による船の長さ一六メートル、幅九メートル、乗組員二〇～三〇名。やがてそのうちの八人が伝馬船くらいの船に乗り移って上陸。ボスらしい人は縁の反り返った黒い毛製の笠をかぶり、残り七人は黒い籠型の帽子でした。髪の毛は薄赤く短髪、身長は一メートル八〇センチぐらい。顔は色白で薄赤く、眼は猿のようでした。服の袖は長く羅紗《らしゃ》製で胸腹のところはボタンが付いていて、靴は皮のように思われます。ボスはキセルの筒のような物をぶら下げていたといいますが、短剣なのではないでしょうか。

やがて皮のようなもので夕ガをしめた桶（高さも周囲も一・六メートル程）に井戸から水を汲み入れると、糸でつないだ数珠《じゅず》のような物と玉を七個差し出しながら、何かしゃべり目礼しました。でも何を言ったのかサッパリ理解できません。その後彼らは、市右衛門さんの家の戸口にあった夏大根を四、五本取って銀のようなものを置き、太郎兵衛の家の入口に腰掛けて煙草盆《たばこぼん》を取り寄せて一服しました。そこで墨と筆を渡してみたけれど、何も書かないので訳がわかりません。村人が名主の家に報告に走っているうちに、船は大砲を打ち鳴らし出船してしまいました。

それから約四〇年程後の安永九（一七八〇）年五月には、中国南京の商船が五ヶ月以上も漂流の末、安房郡南朝夷村（南房総市）沖で破船しました。近隣の村人が力を合わせて七八人の乗組員を救助しましたが、着替えの衣類が足らず、振り袖まで持参して着せる騒ぎでした。（「異国の船乗りと振袖」の項を参照）

このように外国人と接触した経験があったり、その様子を語り伝えたりしていたご先祖さん達は、「異国人は鬼のような恐ろしいものではない」と確信していたのでしょう。

だから、黒船がやって来た幕末当時の支配者階級である武士や貴族たちが、動揺して「異国人を追い払え……」「でも、どうやって……」「方法を考えつかない……」とアタフタしているのを尻目に、魚を手みやげに近寄って行き、手招きされれば嬉しくなって船の中まで乗り込んでいったのでしょう。そのおおらかさ、人を信じる心に私は喝采《かっさい》をおくりたいと思います。「髪の色が違おうと、肌の色、目の色が違おうと何とかなる」と考える国際的センスを、民衆の方がはるかに持っていたといえるのではないでしょうか。

鰯《いわし》荷物の岡道中

紀州の湯浅から来た漁民に醤油製造法を教えられ、関東で最初に醤油製造をしたとして有名な銚子の田中玄蕃《げんば》家に「鰯荷物の岡道中證文」という古文書があります。これには、銚子に荷揚げした魚を江戸へ輸送する経路が書かれていて、これを読んだ私の胸はドキドキしました。

どうしてかと言うと、これまで私が見聞きしてきた経路は、どれも利根川の流れを遡《さかのぼ》るコースであったのに、この例は全て陸路を使うものだったのです。輸送道コースは飯沼〜

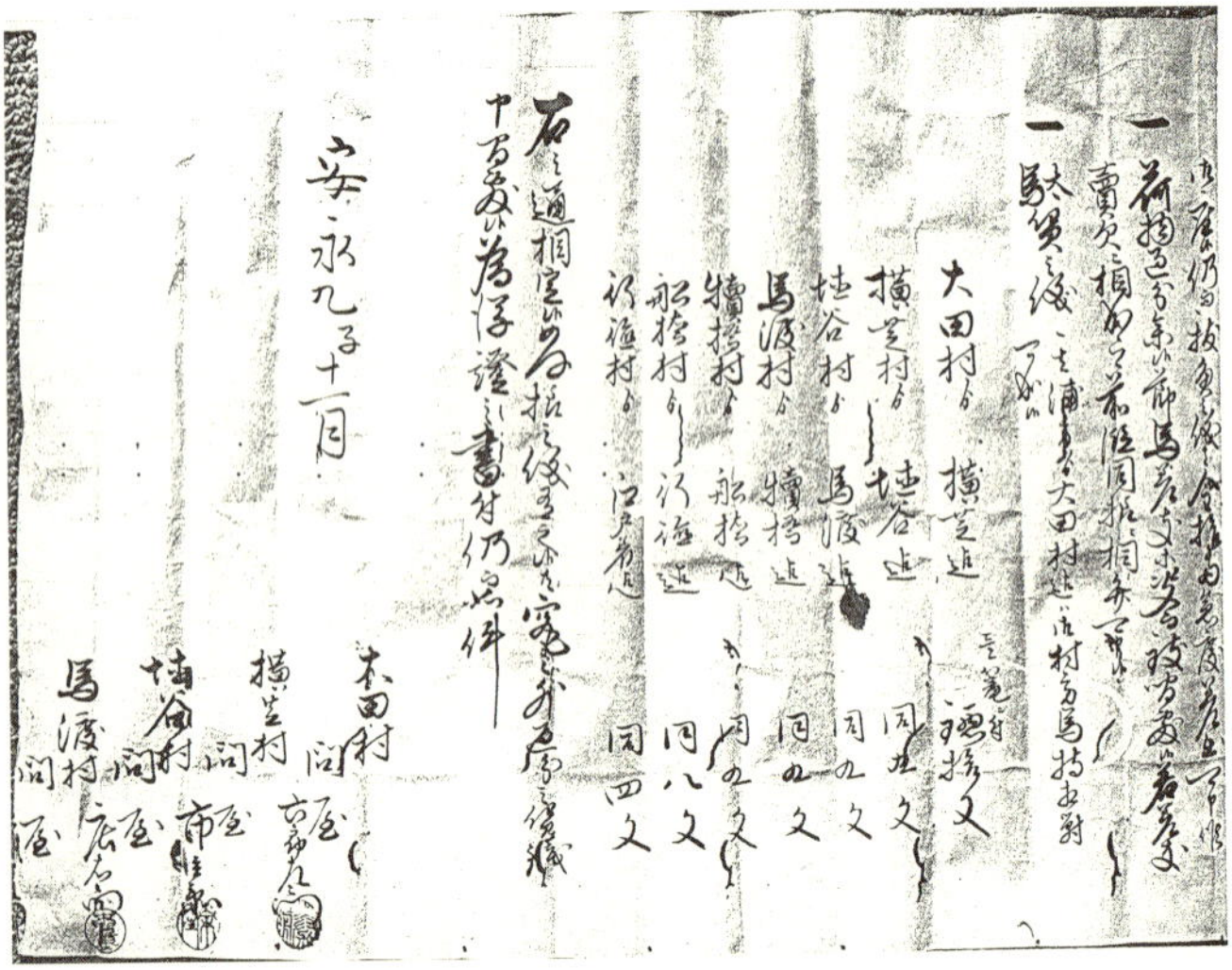

輸送料金をとり決めた古文書

太田～横芝～埴谷《はんや》～馬渡《まわたし》～犢橋《こてはし》～船橋～行徳《ぎょうとく》～江戸日本橋です。ゴールの魚市場はどこにあったかというと、本小田原町・本船町・安針《あんじん》町・入船町などです。

鰯輸送路として歴史上最初に現われるコースは、江戸の前期に盛んに使われた「行徳道」と呼ばれる、舟で利根川を遡り木下《きおろし》で荷物を下ろし、大森～白井～鎌ヶ谷～八幡を経て本行徳からまた舟で日本橋へと出るものです。少し時代が下ると「松戸道」と呼ばれるコースが現われます。江戸末期に赤松宗旦によって書かれた『利根川図志』には、「銚子浦より鮮魚を積み上げするをなま船といふ。舟子三人にて日暮に彼処を出で、夜間に二十里余の水路をさかのぼり、未明に布佐・布河《ふかわ》に至る。（中略）而して冬は布佐より馬に駄して、松戸よりこれを江戸に輸《おく》り、夏は活舟を以て関宿を経て日本橋に到る（後略）」とあり、利根川を遡り、布佐から発作〜亀成〜浦部〜平塚〜宮塚〜藤ケ谷〜佐津間〜金ケ作〜松戸へ付け通し（荷の積み替えをしない）で駄送します。ほかにも経済性を追求するため幾つか抜道《ぬけみち》を通り、その権利をめぐって争いを生じていますが、基本的には利根川を船で遡っています。

松戸道が使われ始めるのは天明期〜寛政期（一七八一〜一八〇一）頃といわれていて、岡輸送の文書の日付けは安永九年（一七八〇）の一一月です。ほぼ松戸道の成立時期と同じ頃です。

文書の表書には「鰯荷物の岡道中證文」と書かれているので、輸送の対象は鰯である事が明白です。次いで、文中には「船積過不足御都合悪鋪《あしき》荷物之分」と書かれているので、通常は船に積み利根川を遡るが、漁獲高の都合で舟一艘分の荷物としては足りない半端な量や、舟の出発時刻に遅れた荷などを、岡輸送の荷として獲得しようとしたのでしょう。

輸送所要時間は、行徳道と松戸道においては、銚子を夕方出船した鮮魚は、日本橋の魚市で三日目の朝売りに間に合うようにするのがしきたりでした。それには遅くとも二日目の夜までには着かなければなりませんが、荷遅れが時々あったようで、松戸道の場合、文化二年（一八〇五）に松戸の鮮魚荷宿と銚子との間では最遅延の場合でも夜八つ時（三日目の午前二時）までに魚河岸に着くよう契約を結んでいます。

では岡輸送の場合はどうかというと、

①三日売りの荷は、どのような大風雨でも、また銚子で何時に荷が入っても三日目の早朝四時までに着け、江戸売りに間に合わせる。もし江戸売りに間に合わず損害が出た時は、遅延した宿が負担する。

②二日売りの荷は、飯沼出発から一二とき（二四時間）限りで江戸に着ける。もし遅延したため江戸昼市売欠けになった時は、その損害金を遅延させた宿が負担する。

となっています。岡輸送が午前四時までに着けると契約しているのに対して、松戸道は午前二時までに着けるとさらに厳しい条件となっているのは、この両者の契約の間に二五年の差があり、競争がさらに激しくなったためと思われます。

岡輸送の料金は、飯沼から大田（現旭市）までは荷主が自分の村の問屋と相対で決める。それ以降は一篭《かご》につき、大田から横芝まで鐚《びた》一〇文。横芝から埴谷《はんや》まで九文。埴谷から馬《ま》渡《わたし》まで九文。馬渡から犢橋《こてはし》まで九文。犢橋から船橋まで九文。船橋から行徳まで八文。行徳から江戸着まで四文となっています。大田から江戸着まで合計鐚五八文です。この輸送料金は、同一文書の中に三日売りと二日売りの二通りの輸送条件が書かれているにもかかわらず、二日売りの場合の駄送の賃銭について特記事項の記載は無く、同一の駄賃で継ぎ送ったのか疑問ですが、わかりません。

一方松戸道の料金をみると、天明期（一七八一～一七八九）に布佐から松戸までの七里半の駄送が二八八文で、松戸から日本橋まで七里の船賃が三四八文です。しかしこの松戸道の輸送賃が一駄についての料金かどうかわかりませんし、岡輸送の駄賃が一駄につき何篭積んだものなのかも明確でないので、簡単に比較はできません。

文書では、岡輸送コースはこれまで料金が船による運送よりも高いとされて来たので、その解消策として「無宰領《さいりょう》」にする事を提案しています（宰領とは荷物輸送の人馬を監督支配して道中一切の責任を負い、荷主から一切の経費を打切り勘定で受け取って任に当たる者）。宿々の問屋がそれぞれ宰領を添えて継ぎ送り、荷主の経費の削減を図ろうというのです。そして無宰領で送る事によって荷物取扱が粗雑になるのを防ぐために、抜魚などがあった時には、たとえ少しの魚であっても金一〇両を弁済するとしました。これはたとえ金一〇両という高額の返済をする理由はなくとも、宿々の馬方などがいい加減なやりかたをすることを防ぐための歯止めであると言っています。

荷姿を見ると、木下河岸から陸揚げされた鮮魚は、舟型の細長い銚子篭や、生付桶というこれも細長い桶に入れ、馬の鞍から両側につけて駄送し、一頭には一〇篭つけました。一方岡輸送の荷姿については確認出来ませんでしたが、この荷姿とあまり相違はなかったと思います。

総輸送量は、行徳道が寛政二年（一七九〇）において二〇〇〇駄であり、松戸道は宝暦一二年（一七六二）三四五三駄の記録があります。岡輸送コースの輸送量はわかりませんが、荷物の量が多くとも必ず馬を確保して継ぎ送ると保証し、もし荷が多過ぎて馬不足のため継ぎ送れず損失になった時にはその損金は補償するとまで言っているので、荷物の確保に必死だったのでしょう。

埴谷の問屋庄右衛門さんは、銚子方向から埴谷に入り坂を登るとすぐのところにあります。最初私は輸送に従事していた庄右衛門家と言えば比較的簡単にわかるだろうと思って現地を訪れました。ところがどこで訊ねてもみな首を横に振るばかり。あとで判ってみれば、屋号は「庄右衛門」ではありませんでした。姓は蕨《わらび》で屋号は「上《かみ》のや」、分家である隣は代官職をつとめていたので屋号も「おだいかん」という名家であったのです。アララギ派の歌人として名高い蕨真はこの家の出で、『アララギ』の創刊はこの埴谷だったとの事です。訪れると、物腰おだやかな中に一本芯の通った人柄がさすが歴史の重みに育まれたと思わせる気品あるご当主、蕨玲子さんが現われました。

明治期の問屋の様子は、ご主人の姉に当たる方や、近隣の老人がいろいろ話して聞かせてくれたそうです。庄右衛門家の前面は三三間の黒板塀で囲まれていました。現在の家の勝手口のあたりに井戸、その裏手には池がありました。喘ぎながら坂を登って同家に到着すると、馬子は井戸で喉を潤し、馬には池の水を飲ませてやりました。普通の荷物はここで一泊しますが、急がねばならない魚の荷物は即座に出発して行ったそうです。

　問屋に関する史料は、残念ながら明治期に東京へ植木や卵が送られた記録が残っているだけでした。

初版あとがき

この本は、川鉄千葉協力会の会報に連載させて頂いたコラムの原稿に加筆訂正したものです。「有名な武将の生涯＝歴史」と思っていた私に、「民衆の歴史も共に歴史」とご教示くださった川名登先生と、どんな時代下でも、どんな境遇でも楽しく生きることを教えてくれた與島いとさんに捧げたいと考え、本の形にしました。

文章を書くにあたっては、企業の皆さんの他に、その家族の中学生か高校生に読んでいただきたいと思いつつ書きました。なぜなら、私の歴史に対する考え方がもう少し早く変わっていたら、学校での歴史の勉強がもっと楽しく受けられたのではないかと思ったからです。そういう意味で学生の皆さんに読んでもらえたら嬉しいなと思います。

取材にあたり、見ず知らずの人間に快く史料をご提供いただき、いろいろ教えて下さった所蔵者のみなさま、紙上に原稿を書くチャンスを与え、力づけてくれた川鉄千葉協力会のみなさま、千葉の歴史を知る会の巡見で、つたない説明の私を励まして下さった会員のみなさま、取材のための現地行に交通の便宜をはかってくれた神西泰さん、編集の労をとり下さった国書刊行会の力丸英豪さんに深く感謝申し上げます。

あとがきのあとがき――改訂版刊行にあたって

「今からでも遅くはない、しかし今からでないともう遅い」という言葉が好きです。

歴史に対する基礎知識が全く無く、用語も知らない、古文書も読めないという私が歴史に興味を持ったのは、一九七五年に「千葉の歴史を知る会」の第三回の巡見に参加して、今身近に存在するものが過去の歴史につながっているという単純なことに初めて気がついたからでした。それから二年後に、調査をし話す側にまわりました。

川名先生が「簡単ですよ、調べてわかったことをわかったと書き、わからなかった事をわからなかったと説明すれば良いんです。巡見の時の説明文を一つ書いてごらん」とおっしゃり、ついその気になったのが文章を書くきっかけでした。すぐにそれがどれほど困難な事かを思い知らされ、心の中では感謝しながら、先生には「先生にだまされた」と悪態をつき続けてきた親（先生）不孝者です。頭書の言葉と川名先生への感謝の気持ちを胸に、これからも生きて行きます。

最後に内容全てを見直し、初版と同様な編集の労をお取り下さった国書刊行会の竹中朗さんに深く感謝申し上げます。

合　掌　　畑中雅子

新編　千葉の歴史夜話

二〇一一年三月二〇日　印刷
二〇一一年三月二五日　発行

著　者　畑中雅子

発行者　佐藤今朝夫

発行所　株式会社国書刊行会
東京都板橋区志村一―一三―一五
電話　〇三（五九七〇）七四二一
ＦＡＸ　〇三（五九七〇）七四二七
http://www.kokusho.co.jp

組　版　（株）シーフォース
印　刷

製　本　（資）村上製本所

ISBN978-4-336-05339-8